교양으로 읽는 세계 7대 종교

교양으로 읽는
세계 7대 종교

질 캐럴 지음 ｜ 성세희 옮김

시그마북스
Sigma Books

교양으로 읽는 세계 7대 종교

발행일 2021년 8월 6일 초판 1쇄 발행
지은이 질 캐럴
옮긴이 성세희
발행인 강학경
발행처 시그마북스
마케팅 정제용
에디터 최연정, 장민정, 최윤정
디자인 김문배, 강경희

등록번호 제10-965호
주소 서울특별시 영등포구 양평로 22길 21 선유도코오롱디지털타워 A402호
전자우편 sigmabooks@spress.co.kr
홈페이지 http://www.sigmabooks.co.kr
전화 (02) 2062-5288~9
팩시밀리 (02) 323-4197
ISBN 979-11-91307-59-7 (03200)

종교가 궁금한 사람들을 위한 안내서

서문

인간이 이 지구상에 살아온 긴 시간 동안, 우리는 종교라는 형태들을 만들어내고, 실천하고, 참여해왔다. 우리는 누구인가? 우리는 왜 이곳에 있는가? 우리는 어떻게 이곳에 왔는가? 우리는 어떻게 살아야 하는가? 생이 끝나면 우리는 어떻게 되는가? 인간 존재에 관한 가장 심오하고 가장 오래 지속되는 이 문제들을 놓고 우리가 질문하고 답하는 근본적인 수단들 중 하나가 바로 종교이다.

그러나 종교는 단순히 삶에 대한 질문들에 답을 주기 위한 수단을 넘어, 인류의 문화 곳곳에 영향을 준다. 종교는 더없이 훌륭한, 그리고 의미 있는 예술, 건축, 문학, 철학, 그리고 신학에 영감을 주었다. 우리는 역사에서 가장 위대한 종교들 덕분에 가장 매력적이고 고무적인 사람들, 바로 종교적인 움직임을 창시하거나 성인 혹은 현자로 살았던 사람들에게 귀를 기울이게 되었다.

세계의 위대한 종교들을 알아보는 것은 그저 다른 종교적 실천들에 대해 좀 더 알아보는 것이 아니라, 전 인류에 대하여 더 잘 이해하는 길이기도 하다.

이 책의 목적은 무엇인가?

이 책은 역사적으로 가장 오래되고 가장 대중적인 종교들, 바로 힌두교, 유대교, 도교, 불교, 기독교, 이슬람교, 그리고 시크교에 대한 기본적인 이해를 돕기 위해 집필되었다. 각 종교의 핵심적인 역사, 개념, 인물, 활동, 경전을 살펴보며, 일반인들이 가장 궁금하게 여기는 질문들에 답하고 아직 모르고 있을 수 있는 정보들을 소개할 것이다.

또한 각 종교들을 연결하는 요소들, 즉 역사적으로 어떻게 연결되어 있는지, 공유하는 사상들과 개념들은 무엇인지도 설명할 것이다. 각 종교가 가진 무수히 많은 형태, 변형, 신도, 신, 교리, 의식, 그 외의 다른 측면 등 전부를 철저하게 다루지는 않을 것이다. 그보다는 각 종교의 가장 대표적이고 전통적인 형태들을 소개할 것이다. 그러므로 해당 종교에 속한 모든 신도들의 경우와 일치하지 않을 수도 있다.

종교마다 수많은 다양성이 존재하며, 이는 종교를 실천하는 사람들이 지니는 각자의 고유한 방식들 또한 다양하기 때문이다. 기독교, 힌두교, 이슬람교, 또는 그 어떤 종교의 신도든 똑같은 신도는 없다! 뿐만 아니라 종교는 복잡하고 미묘한 방법으로 인류 문화의 여러 방면과 교류한다.

때로 종교는 성역할과 가족구조, 경제체제 규범들과 같은 기존의 문화적 전통을 비판하면서 새롭고 다양한 문화적 양식과 신념을 취하도록 권장하기도 한다. 기존의 문화적 전통을 크게 바꾸지 않은 채로 섞이는 경우도 있으며, 때와 장소에 따라 두 가지 모두인 경우도 있다. 요컨대 시간과 공간의 일부를 차지하는 종교와 문화는 즐겁게 뒤엉켜 있고, 그만큼 복잡하기에 전 세계에서 다양한 종류의 방법들이 나올 수 있는 것이다.

따라서 이 책은 종교 백과사전이 아니다. 이 책은 지구상의 주요 종교들을 가장 기본적이고도 가장 손쉽게 파악할 수 있는 방법을 익히는 하나의 수단이다. 관심이 있다면 각 종교에 대하여 좀 더 배우면서 그 종교들이 담고 있는 함축성과 복잡한 특징들에 대하여 더 깊이 이해할 수 있다. 이 책을 통해, 이 놀랍고도 매력적인 종교들에 대한 당신의 상상력을 사로잡는 모든 것들을 익히는 길에 들어서게 되기를 바란다.

무엇이 종교를 종교로 만드는가?

그렇다면 종교란 무엇일까? 무언가를 단순한 철학 또는 세계관이 아닌, 종교로 만드는 것은 무엇일까? 예를 들어 기독교는 '종교'이고 독일의 철학자 임마누엘 칸트의 철학은 '철학'인 이유는 무엇일까?

정확하게 종교를 정의하는 것에 대해 종교학자들마다 의견이 다르지만, 종교가 '신성한 것'에 중점을 둔다는 신학자 루돌프 오토의 의견에는 대다수 종교학자들이 동의한다. 철학이나 다른 신념 체계에서는 드러나지 않는 신성함이라는 신념이 종교에서는 그 역할을 발휘한다.

각 종교는 신성하다고 여겨지는 것을 가장 궁극적인 존재, 최고의 가치, 가장 깊이 존재하는 진리 또는 힘으로 간주한다. 그 신은 유대교, 기독교, 그리고 이슬람교의 유일신과 같은 하나님일 수도 있고, 하나의 신성한 실재가 여러 얼굴로 나타나는 힌두교의 많은 신들일 수도 있으며, 도교처럼 근본적인 힘 또는 에너지가 될 수도 있고, 심지어 불교와 힌두교에서 말하는 깨달음과 열반과 같은 의식의 상태가 될 수도 있다(이 책에서 설명할 것이므로 앞에 나온 용어들의 의미를 모른다고 걱정하지 않아도 된다).

어떤 종교가 신성하다고 정의하는 것이 무엇이든, 그 중심에는 신이 있다. 믿음과 신앙의 실천을 약속하면 신이 그 신도의 모든 것을 알려준다. 이 책에서 다루는 모든 종교들은 신에 대한 명확한 인식을 가지고 있으며 신도의 삶 속에서 그 신을 이해하고, 찾고, 경험하는 많은 방법들을 소개한다. 신을 접하는 방법에는 모스크, 회당, 또는 예배가 이뤄지는 장소의 의식에 참석하기, 사제나 다른 성직자의 인도로 이뤄지는 의식 실천하기, 미리 정해진 기도문을 홀로 또는 집단으로 읽기 등의 형식적인 방법이 있다. 가정에서 기도를 드리는 중에 경전을 읽거나, 해변이나 아름다운 숲을 거닐며 신성한 존재를 찾아보는 비형식적 방법으로도 신을 접할 수 있다.

사실 애당초 사람들이 종교를 만든 이유는 자신이 경험한 신, 즉 속세의 것이 아닌 무언가, 일상을 초월한 것 같은 무언가, 그리고 더 진실하고 더 참되고 올바르며 더 강력하고 어떤 것보다도 장엄한 그 무언가를 설명하기 위해서였다. 밝은 빛을 봤거나, 목소리를 들었거나, 강력한 통찰력을 얻었거나, 환상을 보았거나, 유체이탈을 경험한 사람은 삶이 근본적으로 영원히 바뀐다. 그리고 이렇게 신을 접한 결과로, 그들이 시작한 종교가 결국 온 세상을 변화시켰다.

7개의 종교에 집중하는 이유는 무엇인가?

이 책에서 다룰 7개 종교들은 지금까지 가장 '진실'하거나, '가장 대단'하거나, 혹은 '가장 중요한' 종교여서 선정된 것이 아니다. 그보다는 이 종교들이 아주 오랜 기간 동안 조직화된 형태를 유지했고, 긴 역사와 많은 신도들 덕분에 세계 문화에 가장 큰 영향력을 끼치며 널리 퍼졌기 때문이다.

예를 들어 힌두교에 대한 이해 없이 인도의 역사와 문화를 이해하기란 불가능하다. 그 이유는 4000년 전 인도가 시작되었던 순간부터 지금까지, 인도 문화의 거의 모든 측면을 힌두교가 형성했기 때문이다. 이와 마찬가지로 기독교 역시 유럽 및 기타 지역의 다양한 제국들과 섞인 신념 체계이다. 역사와 정치, 문화, 심지어 종종 '서양'이라고 불리는 지역에 믿기 어려울 정도의 영향력을 행사해왔다. 이슬람교도 이와 같다고 볼 수 있다. 이슬람교는 종교인 동시에 오스만 제국과 무굴 제국처럼 강력한 제국들의 일부를 형성하며 여러 세기에 걸쳐 세계 역사를 만들어왔다.

요약하자면 이 책은 인류의 문화와 삶에 가장 지배적인 힘이었고 또 그렇게 남아 있는 종교들을 다룬다.

그렇다고 이 책에 포함되지 않은 종교들이 중요하지 않거나 영향력이 없다는 뜻은 아니다. 그 역시 당연히 중요한 종교들이며 각자의 영향력을 행사한다. 예를 들어 유교는 중국 문화가 형성되기 시작한 기원전 5세기부터 마오쩌둥 주석이 부상하던 20세기 내내 깊이 관여하였다. 자이나교, 특히 이 종교의 불살생 또는 비손상 철학도 폭넓은 영향력을 행사한다. 바하이교, 신도, 조로아스터교, 그리고 여기 언급되지 않은 다른 많은 종교들도 이 책에서 다루는 종교들과 마찬가지로 모든 면에서 대단히 매력적이다. 이들 중 일부는 본문 내용 중에 언급될 것이며, 일례로 유교는 도교에 관한 장에서 논의될 것이다. 그러나 이 책에서 언급되지 않은 기타 종교 역시 모두 매우 매력적이며, 그 종교들을 연구한다면 인간 실존에 대한 더 깊은 통찰력을 얻게 될 것이다.

이 책의 사용법

이 책은 여기에 실린 종교들에 대해 들어본 적은 있으나 그에 대한 지식은 거의 없거나 전무한 사람들을 위해 구상되었다. 만약 당신이 이러한 경우라면, 환영한다! 이 책은 첫 장부터 끝까지 읽거나, 또는 각자 흥미를 느끼는 대로 순서를 바꿔가며 읽을 수 있도록 구성되었다. 각각의 장이 독자적으로 편성되었기 때문에, 이해를 위해 앞 장부터 읽어야 할 필요가 없다. 종교 목차는 연대기 순으로, 가장 오래된 것부터 가장 최근의 순으로 배열되었다. 그러므로 처음부터 차례대로 끝까지 읽는다면 종교의 역사를 알게 될 것이다. 또 이 책에서 소개하는 기본 개념들을 지속적이고 더 깊이 학습할 수 있도록 책의 뒤에 추가 문헌을 실었다.

마지막으로 이 책은 전체적으로 격식에 얽매이지 않는 일상적 논조를 사용하여 최대한 쉽고, 가장 명료한 방법으로 정보를 전달하고자 했다. 따분한 학술적 문체나 끝도 없는 백과사전식 정보들에 발목 잡히는 일은 없을 것이다. 대신 각 종교의 가장 중요한 사실들과 가장 흔하게 갖는 질문들 일부에 맞춰 구성하였다. 부디 이 책이 당신이 발견할 놀랍고도 큰 기쁨의 여정에 시작점이 되기를 바란다.

차례

CHAPTER 1

힌두교는 약 4000년 전에 발생된, 세계에서 가장 오랜 역사를 가진 종교들 중 하나이다. 또한 10억 명 이상의 신자를 가진, 세계 주요 종교들 중 하나이기도 하다. 인도에서 시작되었고 인도의 대표 종교로 남아 있으나, 신도들은 전 세계에 분포해 있다. 또한 힌두교는 불교의 모체 종교이다. 업보와 환생을 비롯한 여러 가지 중심 사상들을 불교와 공유한다.

　힌두교는 그 종류가 매우 다양하여, 주요 교리와 종교의식이 여러 가지 방법으로 치러진다. 힌두교는 또한 아름답고 다채로운 종교로, 매우 아름답고 색채가 풍부하다! 많은 힌두교 사원들이 복잡한 그림들과 조각상들로 가득한 화려한 실내 장식들로 채워져 있다. 힌두교의 많은 의식들에는 호화로운 음식, 화관, 독경, 축제용 조명, 심지어 사람들에게 색 가루 던지기도 포함한다.

힌두교는 종교가 시간이 지나도 생생하고 활기 넘치는 상태를 유지하는 법을 보여주는 완벽한 본보기이다. 종교는 진화한다. 정지되거나 고정되어 있지 않다. 모든 역사적 순간에 사람들의 요구를 만족시킬 방법을 찾아가는, 살아있는 역동적 체계다. 힌두교는 융통성과 풍성함으로 말미암아 수천 년 동안 인도 영성에 없어서는 안 될 역할을 담당해왔다.

주요 사항

발생 시기: 약 4000년 전

신도 수: 10억 명 이상

전 세계 인구 대비 신도 비율: 약 15퍼센트

주요 지역: 인도

최대 교파 / 종파: 베단타학파

주요 경전: 『베다Vedas』, 『우파니샤드Upanishads』, 『마하바라타Mahabharata(「바가바드기타Bhagavad Gita」가 포함된)』, 『라마야나Ramayana』, 그 외에 다수

대표 상징: '옴om' 혹은 '오움' 상징(14쪽 참고)과 이마에 붙이는 작은 점인 빈두bindu 혹은 빈디bindi

주요 역사

기원전 3300 - 1300년	인더스 문명(중심지 이름을 따서 하라파 문명이라고도 부른다)이 발달한다. 이 문명은 이후에 힌두교 지역이 된 주요 발생 중심지이다.
기원전 1500 - 1200년	아리아인(인도-유럽어족)들이 인도 반도로 이주하면서, 산스크리트어와 힌두교의 일부가 된 다른 종교-문화적 개념들을 제공한다.
기원전 1500 - 500년	베다 시대로 4대 주요 베다인 『리그 베다Rig Veda』, 『사마 베다Sama Veda』, 『야주르 베다Yajur Veda』, 『아타르바 베다Atharva Veda』가 만들어진다.
기원전 800년 - 서기 200년	주요 『우파니샤드』(『베다』의 해설본들)들이 만들어진다.
기원전 400년 - 서기 400년	힌두교의 주요 서사시인 『마하바라타』와 『라마야나』가 만들어진다.
기원전 200년 - 서기 400년	전통과 법, 의무, 권리, 규칙, 그리고 선에 관한 유력한 문서이자 강령인 『마누법전(마누스므리티Manusmriti)』이 구성되고 성문화된다.
320 - 550년	굽타 제국 시기다. 번영과 과학적 발견, 그리고 예술과 언어적 성취로 알려진 왕조로, 대부분의 힌두교도 생활과 실천이 안정화되고 인도 반도 전체로 확대된다.
700년	아디 샹카라차리아Adi Sankaracharya(또는 짧게 샹카라Sankara)가 탄생한다. 매우 영향력 있는 인도의 철학자이자 힌두교의 주요 방식인 베단타학파의 신학자이다.
1526 - 1761년	무굴 제국 시대다. 북부 인도를 지배했던 페르시아 이슬람교 왕조 시대다.
1617년	영국의 동인도회사가 무굴 제국으로부터 영업권을 부여받는다. 제국이 쇠퇴하면서 동인도회사의 지위와 영향력이 커진다.
1858년	인도가 영국 왕실의 직접적인 지배에 놓이게 된다.
1869년	모한다스 간디가 태어났다. 변호사이자 운동가, 정치가, 개혁가, 그리고 인도가 영국으로부터 독립을 쟁취하도록 도움을 준 영적 지도자로, 1948년에 암살당했다.
1947년	인도가 영국으로부터 독립한다. 영국 철수의 일환으로, 인도 북부가 파키스탄으로 불리는 분리된 주로 나뉜다.

힌두교 기념일

힌두교의 기념일은 힌두력을 기준으로 하기 때문에 열리는 날짜가 매해 달라진다.

마하 시바라트리 MAHA SHIVARATRI
2월 혹은 3월

'시바의 위대한 밤Shiva's Great Night'으로 알려진 날로, 시바 신과 파르바티 여신의 웅장한 결혼식을 기리는 축제이다. 금식, 기도, 화려한 행렬이 특징이다.

쿰브 멜라 KUMBH MELA
2월 혹은 3월

쿰브 멜라는 12년 주기로 열리는 축제로, 악마들이 신들에게서 빼앗은 항아리들을 운반하다가 떨어진 신성한 생명수에 대한 이야기를 기념한다. 3년마다 신성한 4개 도시들(그 생명수 방울들이 떨어지는 현장들) 중 한 곳에서 열린다. 12년 주기로 성지인 프라야그Prayag에서 열리는 축제는 점성학적으로 합을 이루는 특별히 상서로운 날로, 세계적으로 가장 큰 종교적 모임 중 하나이다.

홀리 HOLI

3월

홀리는 '색채의 축제'로, 홀리카^{Holika}라는 마녀를 불에 태우면서 악을 물리친 선을 축하하는 봄철 축제이다. 아이들이 가장 좋아하는 축제로 색 가루와 색 물감을 서로에게 던지며 즐긴다.

나바라트리 NAVARATRI

9월 혹은 10월

'아홉 밤'이라는 의미인 나바라트리는 인도의 여러 지역에서 두르가 푸자^{Durga Puja}를 기념하는 축제로, 지모신인 두르가에게 헌정하는 행사이다. 추분에 기념하며, 물소 악마를 죽인 두르가를 칭송하고 악의 힘을 물리친 선의 힘을 확인한다. 이 축제 기간 중 며칠 밤은 두르가뿐만 아니라 다른 여신들도 기린다.

디왈리 VDIWALI

10월 혹은 11월

'빛의 축제'로도 알려진 디왈리는 어둠을 이긴 빛과 악을 이긴 선의 승리를 기념한다. 10월과 11월 사이 새 달이 뜨는 밤에 열리며, 망명에서 돌아온 라마^{Rama} 신의 귀환을 축하한다. 그가 돌아오는 길이 촛불로 밝혀졌기에, 디왈리 기간 동안 사람들은 줄등을 달고 촛불을 붙이며 폭죽을 터트린다. 디왈리는 자이나교와 시크교에서도 기념하지만, 해당 종교의 신도들이 기리는 믿음은 약간 다르다.

힌두교 QnA

Q. 힌두교의 창시자는 누구인가?

힌두교는 알려진 창시자가 없는 몇 안 되는 종교들 중 하나이다. 힌두교는 창시자에 의한 것이 아닌, 고대 인더스강 문명과 기원전 2세기에 인도 북부로 이주했던 아리아인으로 불리는 인도-유럽인 문명의 종교적 풍습이 융화되며 시작되었다. 궁극적으로 이 융화로부터 수 세기에 걸쳐 생겨난 믿음, 풍습, 문자, 그리고 의식들이 힌두교로 알려지게 되었다.

Q. 힌두교에서 가장 중요한 인물들은 누구인가?

긴 역사를 거치며 힌두교에는 수많은 주요 인물들이 등장했다. 그들 중 최고의 인물들을 꼽으면 다음과 같다. 서기 2세기에서 4세기 사이에 생존했던 것으로 추정되며 힌두 요가의 전반적인 체계를 완성시킨 것으로 인정받는 위대한 현인인 파탄잘리^{Patanjali}, 8세기 베단타학파의 학자인 산카라^{Sankara}, 19세기 힌두교의 영향력 있는 신비주의자였던 라마크리쉬나^{Ramakrishna}가 있다. 라마크리쉬나의 제자로 힌두교 사상을 서방세계에 전하는 데에 큰 기여를 한 비브카난다^{Vibekananda}, 그리고 인도가 영국으로부터 독립하도록 조력하고 마틴 루터 킹 주니어 박사에게 소극적, 비폭력적 저항의 정신을 일깨워준 개혁가이자 정치 운동가인 간디가 있다.

Q. 업보, 카르마란 무엇인가?

업보 혹은 카르마^{karma}는 힌두교를 비롯한 불교와 자이나교, 그리고 시크교를 포함하여 인도에서 발생한 종교들을 지배하는 개념이다. 간단히 정리하면 업보란 모든 사람의 행위, 특히 도덕적으로 중요한 행위에는 그 행위자와 동반하면서 그에게 귀착하는 에너지가 있다는 개념이다. 이러한 에너지는 그 행위의 성질에 따라 긍정적일 수도 있고, 부정적일 수도 있다. 악한 행위들은 부정적인 업보를, 선한 행위들은 긍정적인 업보를 가져온다. 긍정적인 업보는 부정적 업보를 없애거나 상쇄할 수 있다. 자신의 행위에 의해서든 혹은 전생에 의해서든 부정적인 업보에 매어 있는 동안에는 생과 사, 그리고 환생이라는 생의 고리에 갇히게 된다.

Q. 환생이란 무엇인가?

업보와 마찬가지로 환생은 불교와 자이나교에서도 다루는 힌두교의 중심 개념이다. 간단히 말해 환생은 개인의 영혼(아트만^{atman})이 영적 수행을 통해 해탈을 이룰 때까지, 또는 탄생과 죽음 그리고 재탄생이라는 생의 고리에서 벗어날 때까지 다시 태어나고 또다시 태어난다는 시간의 순환적 개념이다. '해방'이라는 의미의 해탈을 이룬 영혼은 윤회의 고리에서 풀려나며, 그 순간 개인의 영혼인 아트만은 브라만Brahman(우주의 영혼)과 다시 합쳐지게 된다.

업보는 미래의 생에서 갖게 될 재탄생의 상태를 결정하는 요인들 중 하나이다. 힌두교는 업보와 환생을 주장하는 다른 종교들과 비슷하다. 환생의 고리와 그에 동반되는 모든 고통에서 벗어나기 위해 인간으로서 삶을 최대한 선하게 보내고, 영적 과정에 있어서 최대한의 진전을 이루라고 사람들에게 권고한다.

Q. 힌두교는 많은 신들을 섬기는가?

그렇기도 하고 아니기도 하다. 엄밀히 말하자면 힌두교를 믿는 곳이 어디든, 숭배한다고 지명된 힌두교 신들과 여신들은 아주 많다. 인도 전역의 인쇄물과 디지털 매체들은 물론 사원, 가정집, 상점, 학교 그리고 광고판에 그 신들의 조각상과 그림들이 장식되어 있다. 각각의 신들은 특정 능력과 힘이 있는 것으로 알려져 있다. 특정 무기, 도구, 동물, 자세, 복장, 그리고 색상과 같은 고유의 상징과 요소들에 결합되어 있다. 각각의 신들에 대한 독특한 이야기들도 전해진다.

그와 동시에 많은 힌두교도들은 오직 단 하나의 신성한 존재, 또는 하나의 신만이 있다고 주장한다. 또한 유대교나 이슬람교와 같이, 단 하나의 신만 믿는 유일신교임을 주장하기도 한다. 이러한 시각으로 보면, 힌두교를 통해 섬김을 받는 수많은 신들은 하나의 신성한 존재의 단면 또는 측면들일 뿐이다. 마치 깎아놓은 다이아몬드는 하나의 보석이지만 다양하게 빛을 반사하는 여러 개의 면을 가지고 있는 것처럼, 각각의 힌두교 신들은 단 하나의 근본적인 신성한 존재의 특정한 단면 또는 '얼굴'을 나타낸다.

Q. 힌두교에서 말하는, 하나의 근본적 신성한 존재를 칭하는 이름이 있는가?

이는 일반적으로 브라만이라고 부른다. 대략 '우주의 영혼'이라는 의미로 이해할 수 있다. 브라만은 모든 존재, 온 우주의 원초적 본질과 생명이다. 당신, 나, 개, 고양이, 물고기 등 실존하는 개개의 모든 영혼 혹은 아트만은 브라만에서 나왔다가 개별적 존재들로 환생이 끝나면, 브라만으로 돌아가게 된다. 모든 것이 브라만에서 왔다가 브라만으로 돌아가는 것이다.

좀 다른 비유로 끝없는 바다를 들 수 있다. 수분이 증발의 과정을 거치며 바다에서 공기 중으로 흡수되고, 거기에서 각각의 빗방울이 되어 어느 순간 하늘에서 떨어져, 결국 끝없는 바다로 다시 흡수된다. 다시 말해 각각의 모든 영혼은 한때 개별적인 '빗방울들'이 된 우주 영혼의 조각들로, 우주의 영혼에 다시 융합되기 이전의 상태일 뿐이다. 조금 더 신비롭게 표현하자면, 우리 개개인들 속에는 신성의 조각이 담겨 있는 것이다. 이것이 힌두교 주요 학파들이 전하는 중심 교리이다.

Q. 힌두교의 종교적 목표는 브라만으로의 융합인가?

그렇다. 브라만과 하나가 되는 것이 힌두교의 궁극적인 목표이다. 앞에서 윤회를 설명하며 언급했듯, 이 목표에는 생과 사, 그리고 환생의 고리에서 벗어나는 것도 포함된다. 그 해방을 '해탈', 그 순환을 '윤회'라고 부른다. 모든 종류의 영적, 명상적, 윤리적, 그리고 행위적 수행을 통해 해탈을 얻으면 윤회가 멈추고, 아트만은 브라만과 융합을 이루게 된다. 힌두교의 모든 영적 수행들은 부정적 업보를 상쇄하고 긍정적 업보를 축적하여 해탈을 얻고 신과 하나가 되도록 돕기 위해 만들어졌다.

Q. 힌두교에서 가장 중요하게 여기는 종교적 실천은 무엇인가?

힌두교의 종교적 실천은 그 종류가 방대하다. 하지만 일반적으로 행위의 방법, 지식의 방법, 그리고 기도의 방법이라는 세 가지 주요 그룹 혹은 영적 방법으로 나눌 수 있다. 이때 행위의 방법은 올바른 의식을 드리고, 성일聖日들을 지키며, 사회 속에서 자신의 의무를 다하는 것이다.

전통적으로 이 방법은 가족과 카스트의 의무를 포함하고 있지만, 현대로 오면서 전통을 덜 지키는 신도들은 이 의무를 예전만큼 당연하게 여기지 않는다. 지식의 방법은 지혜를 더하고 신에 대한 의식을 확장시키는 모든 명상적 수행과 학문적 수행들을 포함한다. 기도의 방법은 주로 특정 신들에게 바치는 예배와 기도뿐만 아니라 각각의 신들이 상징하거나 옹호하는 덕목을 쌓는 일에 초점을 맞춘다. 이 방법들 중 다른 것보다 더 중요한 것은 없으며, 힌두교의 교리를 따르는 많은 사람들은 일상생활 속에서 이러한 세 가지를 모두 수행한다.

Q. 힌두교에서 가장 중요한 신들은 누구인가?

힌두교의 신들에게는 공식적인 서열이 없다. 이는 다른 신들보다 더 중요한 신은 없다는 의미이기도 하다. 그렇기는 해도 거대한 힌두 문화 내에서 더 대중적이거나 인기가 더 많은 신들은 있다. 인기가 많은 신들은 힌두 사원을 방문하거나 힌두교도 집에 있는 제단을 본 적이 있다면 필시 보았을 신들이다.

바로 창조와 파괴의 신이며 종종 둥근 불 고리 속에서 춤을 추는 모습으로 묘사되는 시바Shiva, 우주를 지키고 정의를 옹호하는 신으로 종종 하늘의 푸른빛과 같은 피부색으로 묘사되는 비슈누Vishnu이다. 우주의 활기를 주는 신으로 그 자체로 모든 여신들의 총체가 되는 위대한 여신인 데비/두르가Devi/Durga(따라서 다른 모든 여신들은 본질적으로 데비/두르가의 현시manifestation이다), 시바의 아들로 코끼리 두상을 가진 지혜의 신이며 장애물들을 제거하는 가네샤Ganesha도 있다.

비슈누의 여러 현시들 중 하나이자 「바가바드기타」의 제1신인 크리슈나Krishna, 비슈누의 배우자이며 행운과 번성의 여신인 락슈미Laksumi, 힌두교의 서사 문학에서 보호자이며 조력자로 나타나는 원숭

이의 신 하누만^{Hanuman}, 질병과 전쟁, 파괴, 그리고 시간의 잔인한 여신으로 종종 해골로 만든 화환을 목에 건 모습으로 묘사되는 칼리^{Kali} 등이다.

Q. 힌두교에서 가장 중요한 경전들은 무엇인가?

힌두교에는 많은 신들이 있는 것과 마찬가지로 경전 또한 여러 가지이다. 그 경전들을 파악하기 쉽게 다섯 그룹으로 나누면 다음과 같다. 첫 번째 그룹은 주로 신께 바치는 찬송가와 의식들로 구성된 4개의 컬렉션으로 이루어진 『베다』이다. 두 번째 그룹은 『베다』 경전의 해설서인 『우파니샤드』, 세 번째 그룹은 서사 문학인 『라마야나』와 『마하바라타(「바가바드기타」 포함)』이다. 네 번째 그룹은 신들의 전설과 창조의 이야기, 특정 제사나 성지들이 신성한 것이 된 설명 등에 초점을 맞춘 다양한 종파들의 이야기들을 광범위하게 모아놓은 『푸라나^{Puranas}』이다. 마지막으로 난해하고 신비로운 경전으로 신성한 여성에 초점을 맞추고 높은 수준의 영적 수행을 강조하는 방대한 모음집 『탄트라^{Tantras}』가 있다. 이 중에서 앞의 세 그룹이 가장 유명하다.

힌두교도들은 『베다』와 『우파니샤드』를 지구상에서 가장 오래된 영적 지혜로 숭배한다. 『라마야나』와 『마하바라타』에 담긴 이야기들은 인도 전역에서 거리 공연으로 상연되고, 사람들은 이 이야기들 속 영웅들을 미덕과 헌신의 본보기로 여긴다. 힌두교도들은 『베다』와 『우파니샤드』를 지구상에서 가장 오래된 영적 지혜로 숭배한다.

힌두교의 일상

가정에서의 힌두교

힌두교에서 가장 일반적인 형태의 종교의식은 매일 드리는 예배인 푸자puja이다. 보통 집에서 드리는 이 의식은 특정 신께 바치는 기도와 의례로 이루어진다. 일반적으로 매일 예배는 성가를 부르고, 경전을 읽고, 기도문을 암송하고, 음식으로 제물을 바치며, 신의 그림이나 조각을 꽃이나 보석으로 장식하면서 특정 힌두 신께 드리는 의식이다. 이 예배는 그 종류와 신도에 따라 몇 분에서 한 시간 또는 그 이상 이어지기도 한다.

예배에서 쓰는 가정 제단은 단순하기도 하고 화려하게 장식하기도 한다. 대부분은 그릇, 쟁반, 물을 뿌리기 위한 작은 국자, 양초나 작은 등잔, 화환을 만들기 위한 바늘과 실, 작은 종 등 필요한 도구들이 포함된다. 예배는 신께 올리는 간단한 숭배의 행위로 건강과 안전한 여행, 행복한 결혼 생활, 자녀나 배우자의 성공, 또는 이와 같은 인간의 바람들에 대한 개인이나 가정의 간청 기도의 형태이다.

『라마야나』와 『마하바라타』에 담긴 이야기들은 인도 전역에서 거리 공연으로 상연되고, 사람들은 이 이야기들 속 영웅들을 미덕과 헌신의 본보기로 여긴다.

Q. 『마하바라타』와 『라마야나』에는 어떤 종류의 이야기들이 등장하는가?

힌두교도들에게 『마하바라타』는 그리스인들에게 호메로스의 『일리아드』와 『오디세이』 같은 것이다. 이 서사시는 힌두교도들의 역사와 다양한 종류의 영예를 얻은 힌두교 영웅들의 이야기를 들려준다. 『마하바라타』는 같은 가문에 속하는 두 개 파벌 간의 큰 전쟁을 전한다. 이 엄청난 길이의 문서 전반에서, 신들은 다양한 인간 군상들을 돕거나 막으면서 개입한다. 『라마야나』는 비슈누의 현시들 중 하나로 숭배받는 라마가 긴 세월 동안 추방당하고, 그의 아내 시타Sita가 악귀에게 납치를 당했던 고난과 최후의 승리를 들려준다. 라마와 시타는 힌두교의 이상적인 부부로 정해져, 각각 완벽한 남성과 여성의 모습을 구현하고 있다.

Q. 카스트 제도는 힌두교의 일부인가?

그렇기도 하고 아니기도 하다. 전통적으로 카스트는 종교적 삶을 영위하는 행위적 방법에 대한 사회적 의무였다. 『베다』에 실려 있는 우주 창조 이야기에 따르면, 우주는 신들에 의해 희생되고 몸이 절단된 태고의 존재로부터 생겨난 것이다. 그의 입은 사제 계급이, 그의 팔은 무인 계급이, 그의 허벅지는 상인 계급이, 그의 발은 하인 계급이 되었다. 이 이야기는 카스트 제도가 우주와 자연 질서의 일부 속에 고정된 것임을 나타내는 듯하다. 오랜 세월 동안 힌두교는 카스트를 정확히 다음과 같이 이해했다. 사람은 특정 카스트로 태어나고, 그 카스트 속에서 그에 맞는 일을 하면서 성장하고 결혼하고 자신의 삶을 살며, 그러다가 만약 자신의 카스트 의무를 잘 실행하고 좋은 업보를 쌓으면, 더 높은 카스트로 환생할 수도 있다고 말이다.

그러나 여러 세대에 걸친 힌두교 개혁가들은 카스트 제도의 부당함과 높은 카스트 출신들이 낮은 카스트 출신들을 하대하며 우월감을 갖게 만드는 방식을 지적하며, 이 개념에 이의를 제기해왔다. 또한 태고의 존재에 관한 이야기는 그저 사회를 그룹으로 나누는 것뿐이며, 그 그룹이 결정되거나 카스트 내의 위치가 변할 수 없는 것은 아니라고 말한다. 일례로 간디는 그의 생존 당시 일반적으로 여기던 카스트 제도의 규제 대부분에 반대하며 자신보다 낮은 카스트 출신들과 함께 음식과 동료애를 나눴다.

인도가 독립 국가로서 헌법을 채택하면서, 카스트 제도에 의한 차별은 1950년부터 공식적으로 불법이 되었다. 그럼에도 불구하고 카스트 제도를 대하는 민감한 태도는 인도의 힌두교 문화에 깊이 뿌리박혀 있다. 더 이상 법이 카스트에 따른 차별을 허용하지 않음에도 문화적 관점으로 유지되고 있는 것이다.

Q. 힌두교도는 모두 채식주의자인가?

꼭 그렇지는 않지만, 힌두교는 채식주의를 이상적인 것으로 권장한다. 힌두교도들의 몇 퍼센트가 채식주의자인지 정확한 숫자를 얻기는 어렵지만, 채식주의는 수백 년 동안 이 종교와 전반적인 인도 문화의 분명한 특징이었다. 자이나교의 불살생(비손상)과 철저한 채식(많은 경우 완전한 채식주의) 교리가 힌두교와 불교의 종교적 수행과 섭식 수행에 지속적인 영향을 주었다. 그러나 정부 조사에 따르면 힌두교도를 비롯한 이슬람교도, 기독교도, 시크교도, 자이나교도 등을 모두 포함한 인도 전체 인구의 약 4분의 1만이 채식주의자다. 또한 육식을 하는 일부 힌두교도들도 소에 결부된 신성함에 관한 전통들 때문에 여전히 소고기는 섭취하지 않는다.

Q. 힌두교는 왜 소를 신성시하는가?

힌두교가 소를 신성한 동물로 여기는 데는 여러 가지 이유가 있는데, 기원이 확실하지 않다. 하지만 여러 이유가 뒤섞여 소를 도살로부터 보호하고 특별한 동물로 숭배하는 강력하고도 영구적인 신념을 만들어냈다. 초기 베다 문학에 일부는 사람이고 일부는 소인 카마데누 Kamadhenu라는 이름의 여신이 등장한다. 그녀는 자신의 몸으로 양육하고 자양분을 제공하는 풍요의 어머니 여신이다. 여기에 산스크리트어로 '소를 치는 소녀'라는 뜻의 고피스gopis와 한들한들 춤을 추는 크리슈나 이야기의 영향으로 힌두교도들은 소를 보고 크리슈나 여신을 연상하게 되었다.

뿐만 아니라 힌두교 미술에서는 종종 비슈누를 소, 또는 초원과 버터, 우유, 그 외에 소와 관련된 것들과 함께 묘사한다. 소가 신성해진 이유가 신들과의 연관 때문인지 아니면 소 자체가 이미 신성한 존재로 여겨졌기 때문인지는 알려지지 않았지만, 이 동물은 땅의 풍부함을 가진 신성한 상징으로 숭배와 보호를 받는다.

힌두교의 일상

요가의 참 뿌리

'요가'라는 용어의 의미는 '수련하다' 또는 '훈련받다'에 더하여, '하나가 되다'이다. 보통 요가가 스트레스를 줄이고 힘과 민첩성, 그리고 맑은 정신력을 키워주는 방법이라고 생각한다. 그러나 힌두교의 요가는 자아가 신성한 존재와 영적인 연합을 이루기 위해 몸과 마음을 영적으로 수련하는 것이다. 많은 이들이 생각하는 요가, 즉 정돈되고 집중된 호흡과 함께하는 다양한 신체 자세들과 스트레칭은 파탄잘리라는 이름의 현자가 만든 힌두교의 영적 수련의 여러 과정들 중 하나일 뿐이다. 또한 힌두교의 전통 의술인 아유르베다 의술 Ayurvedic medicine에서는 아사나asana라고 알려진 요가의 신체 자세들이 육체의 건강과 에너지 중심을 유지하는 데 필요한 것으로 본다.

Q. 힌두교 내에는 어떤 단체 또는 교파가 있는가?

힌두교에는 여러 개의 다른 교파들이 있고, 각 교파 내에도 많은 하위 종파들이 있다. 또한 힌두교 내에는 특정 경전이나 그 경전에 관한 특정 해설본 위주의 교파들도 수없이 많다. 하지만 힌두교 내에서 가장 대표적인 두 교파는 비슈누 파Vaishnavites와 시바 파Shaivites이다.

비슈누 파는 우주가 파괴되지 않도록 보호하는 수호신인 비슈누에게 집중한다. 이 파는 비슈누의 현시들뿐만 아니라 그와 관련된 다른 신들과 여신들도 중시한다. 비슈누 파 내에도 여러 학파들이 있으며, 각각 신과 인간의 관계와 세상에 미치는 비슈누의 영향, 그리고 비슈누의 실현과 현시에 대한 다른 견해들을 가지고 있다.

이와 반대로 시바 파는 파괴의 신이며 우주를 창조하고 변형시키는 시바에게만 집중한다. 시바 파 역시 신과 인간의 관계, 이 관계를 발전시키는 수행 방법, 그리고 우주에 결부된 시바에 대한 다양하고 독특한 해석을 가진 하위 종파들로 나뉘어 있다.

Q. 힌두교에는 성직자 혹은 종교 지도자가 있는가?

힌두교에는 종교 전체를 아우르는 통일된 방법으로 단체와 직위를 나누는 중앙 권력 혹은 계층이 존재하지 않는다. 그 대신 힌두교 내의 각 종파와 학파, 또는 그룹이 각자의 지도 체계를 결정하고 지도자를 정하며 이 지도자의 명칭도 선정한다. 따라서 일반적으로 힌두교 전체를 포괄하는 종교 지도자의 이름이나 호칭은 많지 않다.

가장 흔한 힌두교의 호칭은 승려priest이다. 이들은 인생의 중대사(이를테면 탄생, 결혼, 사망 등)를 위한 주요 제사나 힌두력의 의식들을 인도하는 사람들이다. 또 다른 호칭으로는 스와미swami가 있으며, 19세기에 활동한 스승이자 개혁가인 스와미 비베카난다Swami Vivekananda처럼 영적 스승이나 학자에게 사용한다. 구루guru 역시 영적 스승이다. 기간에 상관없이 개인적 학습, 일대일 학습, 또는 소수의 그룹을 맡는 사람에게만 붙이는 호칭이다.

요기yogi는 브라만과의 연합을 얻기 위해 금욕적인 영적 수련과 신체 수련을 주로 맡는 사람을 뜻한다. 요기들은 주로 일상적인 가정생활을 버리고 깊은 명상과 독경, 요가 자세 유지, 금식, 그 밖의 까다로운 영적 수련들을 정진하는 데 대부분의 시간을 쓴다. 아마도 가장 포괄적인 명칭은 사두sadhu로, 앞에서 언급한 호칭들을 포함하여 힌두교의 모든 성인을 일컫는 호칭이다.

Q. 간디는 힌두교도에게 중요한 인물인가?

간디가 인도에 남긴 유산은 복합적이다. 그는 20세기 중반 영국으로부터의 독립을 위한 정치적 행동주의 활동으로 많은 힌두교도들과 비힌두교도들에게 추앙을 받는다. 변호사이자 정치적 인물로 세계적인 유명인사가 되었지만, 간디의 정치적 견해는 비폭력과 모든 인간이 가진 신성에 대한 그의 깊은 종교적 믿음에 그 뿌리를 두고 있다.

불살생에 대한 간디의 신념은 젊은 시절 자이나교도인 가정교사에게서 배운 것이다. 이는 그의 정치적 행동주의의 소극적, 비폭력적 저항운동의 방향에 큰 영향을 주었다.

잘 알려진 것처럼 이러한 신념은 미국 아프리카계 미국인들에게 시민권을 주려던 기독교 목사이자 활동가인 마틴 루터 킹 주니어에게도 영향을 주었다. 인도는 영국과 전쟁까지 가지 않고 독립을 이뤘다. 물론 다른 요소들도 있었지만 많은 사람들이 이것을 간디의 가르침과 영향력 덕분이라고 여긴다. 그 결과로 간디는 전 세계적으로 억압과 불평등에 맞선 싸움에서 평화와 정신적 용기를 가진 존재로 기억되고 있다.

Q. '옴' 표시 혹은 상징은 무엇을 나타내는 것이고, 어떤 의미인가?

'옴' 또는 '오움'은 힌두교와 인도의 다른 토착 종교들의 표기 상징이자(14쪽 참고) 소리의 상징이다. 따라서 명상 도중 성가를 부르고 기도를 할 때뿐만 아니라, 예술과 문학에도 빈번하게 등장한다. 이 상징은 태초의 소리 또는 우주의 소리를 나타내는 것으로, 이 상징을 부를 때 우리는 우주의 소리 또는 진동과 연결된다. 상징으로서의 옴은 모든 존재의 내부에 있는 더 깊은 신의 실재와 결합하는 우리의 능력을 뜻한다. 또한 소리로서의 옴은 우리 스스로의 목소리와 그 소리를 듣는 우리의 청력을 통해 신의 실재 속으로 들어가도록, 또는 그 실재를 우리의 의식 속으로 불러오도록 우리를 유도한다.

다른 주요 종교들과의 관계

힌두교는 불교, 자이나교, 그리고 시크교를 포함하여 인도에서 발달된 다른 종교들과 깊이 연결되어 있다. 이러한 연결은 채식주의를 대하는 힌두교의 사고방식에 영향을 준 자이나교의 불살생 가르침부터 각 신앙의 여러 다른 측면들에 이른다.

- 힌두교는 불교의 모체가 되는 종교다. 이는 고타마 싯다르타Gautama Siddhartha(부처의 본명)가 본인도 힌두교도였고, 모태 종교의 핵심 사상들을 불교의 사상에 포함시켰기 때문이다. 그 사상에는 업보와 환생, 거기에 명상을 통해 마음을 단련시킴으로써 깨달음을 얻는 영적 수행의 명상 방식도 있다.

- 시크교도들이 날마다 그들의 경전인 『아디 그란트Adi Granth』에 올리는 의식은 푸자 의식의 몇 가지 특징들과 비슷하다. 예를 들면 경전 주위를 화환으로 둘러싸거나 양초들로 꾸며진 가정집 제단 꼭대기에 경전을 올려둔다.

● 시크교는 신을 단순한 개개의 신 이상으로 여긴다. 그들이 보는 신은 힌두교에서 생각하는 브라만과 비슷한, 모든 존재들 속에 스며든 우주적 신성이다.

● 이슬람교와 힌두교는 상당히 다른 종교적 세계관을 가지고 있으면서도, 긴 세월 동안 인도에서 공존해왔다. 인도의 무굴 제국 시기, 이슬람교도와 힌두교도는 여러 세대에 걸쳐 평화롭게 공존했다. 심지어 두 종교의 신학자들과 종교 지도자들은 서로의 교리를 함께 연구하고 이의를 제기하기도 했다.

● 이슬람교도와 힌두교도들은 긴 화합의 세월을 보냈지만, 여러 시대에 걸친 갈등도 있었다. 일례로 1947년 인도가 영국으로부터 독립했을 때, 영국은 인도 북부를 종교적 경계를 따라 파키스탄으로 나눠놓았다. 이 일로 난민 위기, 대변동, 그리고 폭력이 발생했다.

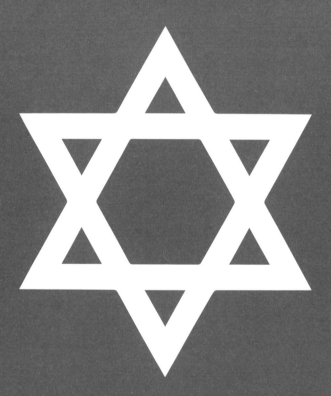

CHAPTER 2

유대교는 세계에서 가장 오래된 체계적인 종교 중 하나로, 그 역사의 시작은 대략 3500년 이상으로 거슬러 올라간다. 유대교의 중심에는 두 가지 핵심 개념이 있는데, 바로 유일신주의와 언약이다. 유일신주의란 단 하나의 신 또는 신적 존재를 믿는다는 뜻이다. 유대교의 가르침에 따르면, 언약은 유대교도가 하나님이라 부르는 신과 신도들 사이의 관계를 의미한다. 유대교 경전은 고대 이스라엘 민족이 이집트에서 노예 생활을 하던 시절부터 약속의 땅을 찾아 헤매고 다른 민족들에게 포로로 잡히는 등의 역사를 통해, 하나님과 그의 백성들 간에 특별하게 맺어진 언약에 대해 이야기한다.

　유대교는 신도 수만으로 보면 비교적 작은 종교이다. 전 세계적으로 봐도 유대교도는 약 1,500만 명에 불과하다. 이렇게 신도 수가 적은 것은 몇 가지 이유가 있다. 첫째, 600만 명의 유대인들이 제2차 세계대전 중 홀로코스트로 희생당했다. 둘째, 유대교는 출생으로 이어지는 소수의 주요 종교들 중 하나로, 유대교도 어머니가 유대교도 아이를 낳는다. 유대교로 개종하는 것은 가능하지만 대부분 유대교도들은 그 종교 속에서 태어났다. 또한 지난 몇 세기 동안 유대교도의 전반적인 출생률은 하락하는 중이다.

이렇게 적은 신도 수에도 불구하고 유대교의 영향력은 엄청나다. 유대교도들이 거의 모든 지역에 살고 있기 때문에, 유일신이라는 유대교의 근본 개념도 전 세계에 퍼져 있다. 또한 유대교는 전 세계 인구의 절반이 넘는 신도 수를 가진 세계에서 가장 큰 두 종교, 기독교와 이슬람교의 모체 종교이기도 하다.

주요 사항

발생 시기: 약 3500년 전

신도 수: 약 1,500만 명

전 세계 인구 대비 신도 비율: 0.2퍼센트

주요 지역: 전체 유대교도의 80퍼센트가 미국(50퍼센트) 또는 이스라엘(30퍼센트)에 거주

최대 교파 / 종파: 전 세계 유대교도 3분의 1 이상이 개혁파 유대교를 믿지만, 가장 강한 영향력을 가진 것은 전체적으로 가장 작은 종파인 정통파 유대교이다.

주요 경전: 토라Torah, 예언서the Prophets, 그리고 성문서the Writings(기독교에서 『구약』이라 부르는)가 포함된 유대교 성경이다. 유대교도들은 종종 '토라'라는 명칭으로 유대교 성경 전체를 부르기도 한다.

대표 상징: 다윗의 별(38쪽 참고)

주요 역사

기원전 1750년경	토라에 언급된 고대 이스라엘의 첫 제사장인 아브라함의 시대
기원전 1250년경	성서 이야기상 고대 이스라엘 민족을 노예 신분에서 이끌어냈던 입법자 모세의 시대
기원전 1000년경	사울 왕, 다윗 왕, 그리고 솔로몬 왕의 통치 기간을 포함한 이스라엘의 황금기
기원전 800년 - 서기 200년	유대교의 종교적 문헌들이 작성되고 성전聖典으로 인정된다.
기원전 428년 - 서기 400년	기원전 586년에 바빌로니아 사람들에 의해 첫 성전聖殿이 파괴된 후 예루살렘에 두 번째 성전이 봉헌된다.
기원전 230년 - 서기 400년	유대교도들의 조국이 로마의 통치에 놓인다.
70년	두 번째 성전이 로마인들에 의해 파괴된다.
70 - 500년	유대교 율법 저작과 토라에 담긴 주석인 『탈무드』와 함께, 회당과 문헌들 중심의 랍비식 유대교가 발달한다.
1040년	『탈무드』와 유대 성서의 주석으로 유명한 중세의 현자이자 라시Rashi라 불리던 랍비 솔로몬 벤 아이작Solomon ben Issac 탄생
1066 - 1480년	유대교도들이 유럽과 중동 전역에서 다양한 수준의 인내와 박해를 경험한다. 결국 스페인 종교 재판에서 수백 명의 유대교도들과 그 외 사람들이 죽거나, 투옥되거나, 추방당한다.
1700년	하시딕Hasidic 유대교의 창시자인 이스라엘 바알 셈 토브Israel Baal Shem Tov 출생
1729년	유대교의 위대한 계몽 학자, 모세 멘델손Moses Mendelssohn 출생
1880년대	러시아에서 유대인을 대상으로 폭력적 집단학살이 발생하여, 많은 이들이 동유럽으로 이주한다. 오스만 제국이 유대인들을 맞이한다.
1896년	테오도르 헤르츨Theodor Herzl이 유대인들에게 고향으로 돌아오기를 요청하는 주요 시온주의 문서인 「유대국가The Jewish State」를 발표한다.
1938 - 1945년	다른 집단들과 함께 600만 명의 유대인들이 살해당한다. 그 밖의 많은 사람들이 제2차 세계대전 중 나치당이 자행한 집단 학살 홀로코스트 기간 동안 수감된다.
1948년	현대 이스라엘, 유대교도의 민주주의 국가가 설립된다.

유대교 기념일

부림절 Purim

2월 또는 3월

종종 '제비뽑기 축제'라고도 불리는 부림절은 성서에 등장하는 여왕인 에스더^{Esther}를 기리는 기념일이다. 왕의 고문인 하만은 왕국에 있는 모든 유대인들을 죽일 날짜를 정하기 위해 제비를 뽑기로 계획했는데, 에스더와 그녀의 사촌인 모르드개^{Mordecai}가 왕을 설득하여 유대인들을 살려준다. 이 축제에서는 먹고 마시며, 코스튬을 입고, 자선 기부금을 낸다.

페사흐 Pesach

3월 또는 4월

페사흐, 또는 유월절^{Passover}은 하나님께서 고대 이스라엘 민족을 이집트 노예 생활에서 구제한 성경적 이야기를 기념하는 날이다. 무교병(이스트를 넣지 않은 빵-옮긴이)과 그 이야기에 등장하는 다른 음식들이 포함된 특별한 식사인 유월절 정찬을 먹는다.

샤보트 Shavuot

5월 또는 6월

오순절로도 알려진 샤보트는 유월절 이후 50일째 날에 시나이산에서 토라를 받은 성경의 이야기를 기념하는 날이다. 전통적인 농경 사회의 곡물 수확기와 일치한다.

로슈 하샤나 Rosh Hashanah

9월 또는 10월

로슈 하샤나(나팔을 불어 절기를 알렸기 때문에 나팔절이라고도 부른다-옮긴이)는 전통 유대력 상의 설날을 기념하는 축제이다. 하루만 기념하는 것이 아니라 열흘 동안 이어지는 자아 성찰의 기간으로, 대속죄일에 끝이 난다.

욤 키푸르 Yom Kippur

9월 또는 10월

대속죄일로 알려진 욤 키푸르는 유대력에서 가장 경건한 날로, 금식과 기도, 그리고 회개의 시간이다.

수콧 Sukkot

9월 또는 10월

'초막' 또는 '예배소'라는 의미의 수콧은 노예 생활에서 풀려난 뒤 광야에서 40년을 헤맸던 이스라엘 민족을 기념하는 7일간의 가을 수확제이다. 초막이나 천막을 짓고 일주일 동안 그 안에서 음식을 먹으며 즐긴다.

하누카 Hanukkah

11월 또는 12월

'빛의 축제'라고도 불리는 하누카는 그리스 통치자들에 대한 유대인의 저항을 기념하는 날이다. 오직 하룻밤을 밝힐 기름밖에 없었으나 기적적으로 8일 밤 동안 불을 밝힌 유대인 혁명가들의 등불에 대한 이야기로, 8개(혹은 9개)의 촛대인 메노라가 이 축제의 상징이다.

유대교 QnA

Q. 유대교의 창시자는 누구인가?

유대교에는 단일 창시자가 없다. 고대 근동지역의 이스라엘 민족, 또는 히브리인의 종교로부터 만들어진 형식적(성직자, 윤리강령, 율법, 경전, 그리고 제사 의식을 갖춘) 실체로 생겨났기 때문이다. 이러한 이스라엘인들의 종교와 정식 유대교를 명확하게 구별하는 일부 학자들도 있다.

두 단체의 차이점 중 하나는 하나의 신을 믿는 유일신 사상에 관한 것이다. 고대 이스라엘 민족들은 그들의 하나님을 가장 높고, 가장 큰 신으로 숭배하였지만, 유일한 신으로 보는 건 아니었다.

창세기에는 하나님의 선지자들이 어떤 신이 가장 강한지를 보기 위해 경쟁 신인 바알Baal의 선지자들과 겨루는 이야기들이 나온다. 비록 모세가 시나이산에서 받아온 그 유명한 십계명(이에 관한 영화는 모두가 보았을 것이다)에서, 하나님은 이스라엘 민족에게 "다른 신들은 없다"거나 "모든 다른 신들은 가짜다"라고 말하는 대신, "내 앞에 다른 신들을 두지 말라"고 말한다. 그러나 이 고대 종교는 발달하면서, 유일신 사상이 더 확고해졌다. 이것은 수많은 사상가, 역사적 맥락, 문헌, 장기간의 의견 등을 거치며 굳어진 것이다.

Q. 아브라함은 누구이며, 유대교에서 어떤 인물인가?

하나님이 아브라함과 그의 자손들과 언약의 관계를 맺겠다고 선택했기 때문에 아브라함은 첫 번째 혹은 최초의 제사장으로 여겨진다. 그를 표현하는 성경적 관용구는 '많은 민족의 아버지'이다. 이는 하나님이 아브라함에게 그의 자손들이 온 천하에 살게 될 유대인이 될 것이라고 약속했기 때문이다.

대부분의 학자들이 아브라함의 생애를 대략 기원전 1800년에서 기원전 1700년 사이쯤으로 잡는다. 그는 사라와 결혼했으며 그의 아들인 이삭은 그들이 늦은 나이에 낳은 것으로 알려진다. 처음에 사라는 아이를 낳을 수 없게 될 것을 걱정하여, 자신의 하녀인 하갈을 아브라함에게 주었고, 그렇게 그는 많은 나라의 아버지로서의 역할을 이행할 수 있었다. 하갈의 아들, 이스마엘의 자손들은 이슬람교의 창시자와 신도들로 여겨진다.

Q. 모세는 누구이며 유대교에서 그의 역할은 무엇인가?

모세가 아브라함보다 더 유명한 것은, 아마도 이집트에서 노예였던 히브리인들을 데리고 나왔던 그의 이야기를 다룬 수많은 영화들 덕분일 것이다. 이 성서 이야기는 모세가 갓난아기였을 때, 이집트의 파라오가 자신의 노예 인구를 유지하기 위해 모든 히브리 여성들이 낳은 갓난 사내아기들을 죽이라고 명령하면서 시작된다. 모세를 살리기 위해 모세의 어머니는 그를 나일강 갈대숲에 숨겼고, 목욕을 하던 이집트의 공주가 그를 발견한다.

이집트 공주는 모세를 자신의 아들로 삼고 궁전에서 그를 키웠다. 하지만 그는 고통당하는 자기 민족을 보았고, 여러 사건을 통해 파라오를 설득하여 히브리인들을 풀어주라는 신성한 사명을 실행한다. 파라오가 거부하자, 모세는 하나님의 도움으로 이집트인들에게 역병과 불, 다른 질병들을 내린다. 그리고 죽음의 천사가 이집트를 지나며 모든 이집트 가정의 장자를 죽이면서 절정을 이뤘다.

마침내 파라오가 동의하게 되고, 모세는 그의 민족을 이끌고 이집트를 벗어나 하나님이 그들에게 고향으로 약속했던 땅을 찾기 위해 광야로 들어갔다. 이 여정 중에서 하나님이 모세에게 알려준 율법, 규약과 제사 의식은 고대 이스라엘 민족의 종교에 큰 뼈대를 이루게 된다. 이러한 까닭에 모세를 종종 '입법자'라고 부른다. 이는 모세를 통해 하나님이 그의 민족에게 했던 언약을 다시 시작하고, 그들의 나라를 세우기 위한 규칙들을 알려주었기 때문이다.

Q. 토라는 무엇인가? 유대교의 성경인가?

토라는 유대교 성경의 첫 다섯 권, 즉 창세기, 출애굽기, 레위기, 민수기, 그리고 신명기를 말한다. 그래서 종종 이를 '모세5경Pentateuch('다섯 권의 책'이라는 의미)'으로 부르기도 한다. 그러나 토라라는 단어는 단지 이 다섯 권만이 아니라, 모든 유대교 경전들을 일컫는 일반 명칭으로도 사용된다.

토라에는 이 세상의 창조와 첫 인간에 대한 이야기, 아브라함과 그의 자손들(제사장들)에게 하신 하나님의 언약에 대한 이야기, 모세와 이집트로부터의 극적인 탈출의 이야기가 담겨 있다. 또한 고향을 향한 이스라엘 민족의 방황에 대한 이야기, 그리고 유대교도들의 공동체에서 삶을 인도하고 확립하는 수많은 규약, 규칙, 제사, 그리고 전통에 대한 이야기들도 담겨 있다.

유대교 성경의 나머지는 예언서와 성문서로 이뤄져있다. 예언서에는 이사야, 예레미야, 에스겔, 아모스, 그리고 다른 선지자들이 작성한 경전들이 수록되어 있다. 성문서에는 시편, 잠언, 아가서, 그리고 다른 문헌들이 담겨 있다.

유대교 성경은 역사와 시, 산문, 종교적 가르침, 예언, 그리고 수백 년에 걸쳐 기록되고 수집되고 형식화된 많은 것들을 담고 있다. 유대교 성경을 '타나크^{Tannakh}'라는 이름으로 부르는 사람들도 있다. 이것은 신성한 문헌의 세 가지 주요 부분, 즉 토라^{Torah}(모세5경), 네빔$^{Nevi'im}$(예언서), 그리고 케투빔^{Ketuvim}(성문서)의 앞 글자들을 딴 약어(TNK)를 발음한 것이다.

Q. 유대교 성경과 기독교 성경의 『구약』은 같은 것인가?

비록 구성은 다르지만, 유대교 성경은 버전이 여러 개인 기독교의 『구약』과 매우 유사하다. 기독교가 유대교에서 나왔으므로, 기독교도는 유대교의 신성한 문헌들(토라, 예언서, 성문서)을 신성한 경전으로 받들며 『구약』이라고 명명했다. 그리고 거기에 자신들의 경전(『신약』)을 추가하여 기독교 성경을 만들었다. 그래서 기독교도들은 유대교 경전도 따르지만, 반면에 유대교도들은 유대교의 경전만을 따른다.

Q. 『탈무드』에 대해서 들었는데, 이것은 무엇인가?

『탈무드』는 토라와 기타 유대교 경전들에 대한 저명한 학자들과 스승들의 해석과 적용, 그리고 논의가 담긴 방대한 문집이다. 『탈무드』의 일부는 그 영향력이 커서 유대교 성경 속에 기록된 토라와 함께 '구전 토라'로 따르기도 한다. 『탈무드』는 300년에서 400년 사이의 두 가지 판, 즉 팔레스타인 탈무드와 바빌로니아 탈무드로 처음 수집되었다. 시간이 흐르면서 라시와 마이모니데스Maimonides 같은 중세 학자들의 글들이 『탈무드』에 추가되었다.

Q. 유대인들은 종종 작은 모자를 쓰고 숄을 걸치고 긴 곱슬머리를 기르는데, 이것은 일상생활에 관한 유대교 율법인가?

어느 정도는 그렇다. 많은 유대교 남성들이 결혼식, 장례식, 이 종파의 예배를 포함한 기도회 등의 모든 종교적 행사에 야물커yamulke(또는 키파kippah)라는 작고 둥근 모자 혹은 정수리 덮개를 착용한다. 하나님을 섬기는 방법으로 항상 이 야물커를 착용하는 신도들도 있다. 일

유대교의 일상

코셔 지키기

유대교에서 장려하는 다양한 일상 규범들 중에 음식에 관한 코셔^{Kosher} 규정이 있다. '코셔'라는 용어는 '깨끗한, 순수한, 합당한'이라는 의미를 가진 히브리어 어원에서 나온 것이다. 코셔 식품은 유대교의 섭식 규정에서 먹기에 적합하다고 간주하는 음식이다. 일반적인 음식들 중 코셔가 아닌 것에는 돼지고기와 조개류가 있고, 고기를 유제품과 섞어서 먹는 것(예를 들면 쇠고기 버거를 치즈와 함께 먹거나 비프스테이크를 크림 그레이비소스와 함께 먹는 것) 역시 코셔가 아니다.

모든 유대교도들이 이 규정을 지키는 것은 아니다. 그렇지만 코셔 규정을 지키는 사람들은 경전과 전통, 또는 현재 랍비의 권한으로 유대교도가 먹기에 적합한 것으로 간주하는 음식만을 먹으려고 신경을 쓴다. 또한 코셔를 따르는 유대교도 가정이나 식당은 고기와 유제품용으로 별도의 식기, 조리도구, 심지어 냉장고까지 구비하여 그 두 가지 음식이 어떠한 경우에도 절대 섞이지 않도록 한다. 이러한 코셔 규정이 사막 기후에서 함께 유목 생활을 했던 사람들을 위한 보건 조치에서 발전된 것이라고 주장하는 일부 학자들도 있고, 하나님의 계명을 일상생활에서 순종하는 하나의 방법이라는 학자들도 있다.

부 유대교 여성들은 하나님을 경배하기 위해 머리를 가리는 방법으로 스카프를 착용하기도 한다.

일부 유대교 남성들은 하나님의 백성에게 신성한 법을 마음과 뜻에 항상 새기라는 성경의 명령에 순종하기 위해 성구함(토라 구절이 적힌 두루마리가 든 검은 가죽 상자로, 끈이 달려 있다)을 착용하고 기도한다. 특별히 정통파 유대교의 남성들은 그 성구함을 왼팔과 이마에 부착하고 기도한다. 많은 유대교 남성들 역시 기도용 숄을 어깨에 걸치고 기도한다.

다른 여러 종파들도 야물커와 머리 덮개를 사용하지만, 몇 가지 특정 의상 형태들은 정통파와 극단주의 정통파 공동체에서만 사용한다. 이 두 공동체에 속한 남성들은 학자들이 옆머리를 자르거나 깎아서는 안 된다는 의미로 해석한 경전의 명령에 따라, 얼굴 한쪽에 긴 머리나 곱슬머리를 기른다. 검은 코트나 망토, 털모자 등 극단주의 정통파의 다른 복장들은 전통 복장들만큼 성서적이지는 않다. 지금은 유대교 신도들도 수많은 타 종교 신도들처럼, 본인과 타인에게 자신의 신앙을 확인시키기 위해 남들과 구별되는 의복을 입는다. 또한 각자의 신앙을 지킬 때는 평상시의 일상 활동용 복장을 착용한다.

Q. 유대교에는 성전이 있고 유대인들이 참석하는 회당도 언급하는데, 어떤 차이가 있는가?

성전과 회당은 유대교에서 신성한 장소로 여기는 주요 공간들이다. 성전은 가장 오래된 형태로 성서 시대에서도 찾을 수 있다. 성경에서 다윗 왕은 하나님께 예루살렘의 성전에 대한 계획을 받았지만, 그 성전을 실제로 지은 것은 그의 아들인 솔로몬 왕이었다. 그 당시 유대교는 제사장의 종교로, 하나님께 바치는 제물 중심의 예배를 드렸다. 사람들은 죄를 용서받는 것, 하나님께 요청하는 것 등 다양한 목적으로 가축이나 음식을 가져와 하나님께 제물로 드렸다. 이 성전은 기원전 6세기 바빌로니아 사람들에 의해 무너졌고, 후에 다시 세워졌다.

기원전 6세기에 유대인들은 포로로 붙잡히면서 성전에서 쫓겨났고, 그 상황에 적응해야 했다. 그래서 성전과 제사장의 대안적 형태인 바로 회당과 랍비가 서서히 생겨나게 되었다. 회당 예배는 중요한 축일들을 지키는 것은 물론, 제물보다 경전과 가르침, 그리고 유대교 전통을 읽고 이해하는 데 집중한다. 랍비는 유대교의 예배와 수행에 있어 신도들을 이끄는 훈련된 학자이자 설교자이다.

두 번째 성전은 70년에 로마인들에 의해 다시 파괴되었고, 다시는 재건되지 못했다. 이 성전에서 유일하게 남은 통곡의 벽 일부가 이스라엘에 있으며, 전 세계 유대교도들과 기독교도들이 성지로 여긴다. 그곳에는 바위의 돔 모스크도 세워져 있으며, 전 세계 이슬람교도들에게 가장 신성한 장소 중 하나이다.

정통파 유대교도들은 예루살렘에 있는 이 역사적 장소에 성전이 재건되고 하나님께 바치는 제물이 다시 회복될 미래의 때를 기대한다. 하지만 회당 예배는 2000년이 넘도록 유대교 예배의 주요 형태로 자리 잡고 있다.

성전 예배에서 회당 예배로의 전환은 시간이 흐름에 따라 종교를 믿는 사람들에게 유의미한 형태로 남기 위해 종교가 변화하고 적응하는 법을 보여주는 인상적인 본보기이다.

Q. 정통파 유대교를 언급했는데, 이것은 유대교 내의 특정 집단인가?

그렇다. 극단주의 정통파 일부를 포함한 정통파 유대교는 유대교 내에서 하나의 주요 그룹을 형성하고 있다. 정통파 유대교는 몇 세기 전으로 거슬러 올라가는 가장 전통적이고 가장 역사적인 방법으로 믿음을 실천한다. 독특한 의상을 입고, 가정과 예배에서 전통적으로 구별되는 성 역할을 유지하며, 철저하게 코셔를 지키고, 다른 유대교의 율법들을 대부분 고수한다. 정통파 유대교 내에는 각자의 독특한 역사와 지도자, 그리고 전통을 가진 다양한 계파들이 있다.

Q. 유대교 내의 다른 종파에는 어떤 것들이 있는가?

유대교의 3대 주요 종파는 정통파, 개혁파, 그리고 보수파이다. 개혁파 유대교는 19세기에 과학적 계몽사상을 반영하는 근대적 혁신과 함께 생겨났다. 전 세계, 특히 이스라엘 밖에서 가장 우세한 유대교의 형태이다. 개혁파 유대교도들은 유대교 율법의 엄격한 준수보다는 자신의 믿음의 윤리적 측면을 중시한다. 그래서 코셔도, 모든 종교적 행사 참여도, 같은 신앙인과의 결혼도 유연하게 지킨다.

　보수파 유대교는 19세기 개혁파 유대교 이후 오래지 않아, 개혁파와 정통파 사이의 중간 지점을 제시하기 위해 생겨났다. 보수파의 지도자들은 개혁파 유대교가 유대교의 전통을 지나치게 벗어났다고 보았다. 보수파 유대교는 유대교에서 가장 중요하게 여기는 일부 전통과 율법들을 지킨다. 또한 코셔를 지키고, 많은 정통파 유대교도들이 당연하게 여기는 메시아에 대한 기대도 인정한다. 유대교에는 다른 종파들(재건파, 시온파)도 있지만, 압도적으로 많은 유대교도들이 속한 주요 종파는 정통파, 개혁파, 그리고 보수파이다.

Q. 유대교에서는 메시아를 기다리는가?

그렇기도 하고 아니기도 하다. 유대교의 성서적 문헌들에는 박해와 추방, 그리고 다른 고통에서 유대교도들을 구해주러 오실 메시아 또는 구세주가 등장한다. 메시아에 관한 성서적 전통은 역사를 통해 일부 유대교 집단들 사이에서 확대되고 지속되었으며, 오늘날 일부 단체들에서 유지되고 있다. 유대교 내의 일부 단체들은 메시아를 하나의 인물이라기보다 한 세대 또는 시대로 생각한다. 이 관점에서는 메시아의 시대가 미래의 어느 때에 올 것이며, 그와 함께 통일된 유대교 공동체의 부활도 실현될 것이라고 본다.

그러나 다른 이들은 메시아 또는 메시아의 시대는 이스라엘이 개국된 1948년에 시작되었다고 말한다. 이러한 후자의 관점에서는, 이스라엘의 개국으로 전 세계에 흩어져있던 유대교도들이 고향으로 돌아와 하나님의 백성으로 함께 생활할 수 있는 상황이 만들어졌다고 본다. 수많은 유대교도들, 특히 개혁파 유대교도들은 메시아 또는 메시아의 시대가 올 것이라는 그 어떠한 종류의 믿음도 고수하지 않는다.

Q. 유대교는 내세를 어떻게 다루는가?

유대교는 내세를 크게 강조하지 않는다. 이것이 놀라운 이유는 유대교에서 생겨난 두 종교인 기독교와 이슬람교는 내세에 주요 초점을 두고 있기 때문이다.

유대교의 전통에서는 죽은 자들이 쉬는 곳이 아브라함의 품 안이라고 말한다. 다른 성서적 용어는 스올Sheol, 즉 죽은 자들이 가는 어둠의 장소로, 그리스인들이 말하는 하데스Hades(죽은 자들의 나라-옮긴이)와 같은 곳이다. 일부 유대인들은 종말의 때나 또는 메시아가 오실 때 육신이 부활한다고 믿는데, 이것은 일종의 내세적 믿음과 연관이 있다.

어쨌든 유대교에는 내세에 대한 일관된 가르침이 없다. 이것은 이 종교의 중요한 초점이 현생에 있기 때문이다. 유대교의 모든 율법, 계명, 그리고 전통은 '현재의 삶'에서 일어나는 인간의 행위와 '현재의 삶'에서 얻는 혜택에 중점을 둔다. 이런 이유로 유대교는 종종 내세적인 종교와는 반대되는 세속적인 종교라고 불린다.

Q. 유대교도들이 가장 중요하게 여기는 기념일들은 무엇인가?

일부 유대교도, 특히 정통파와 보수파는 유대력('유대교의 기념일' 참고)의 모든 기념일을 대부분 지킨다. 하지만 대다수 유대교도들이 가장 중요하게 여기는 기념일은 대속죄일, 유월절, 그리고 매주 드리는 안식일Sabbath/Shabbat이다.

유대교의 일상

안식일 지키기

유대교 일상에서 규칙적으로 지키는 것은 안식일이라고 부르는 주 단위의 거룩한 날이다. 안식일은 매주 일곱 번째 날에 행해지는데, 금요일 밤 일몰에 시작되어 토요일 밤 일몰에 끝난다(유대교에서 일주일의 시작은 일요일이다–옮긴이). 안식일 전통은 하나님이 엿새 동안 세상을 창조하시고 일곱 번째 날에 휴식을 취하셨다는 창세기의 성서적 이야기로부터 나왔다. 성서에 모세가 시나이산에서 하나님께 받은 십계명에도 "안식일을 거룩하게 지키라"는 계명이 있다. 안식일에는 거의 아무런 일도 하지 않아야 하기 때문에 음식도 미리 준비한다. 이스라엘은 물론이고 그 외에 유대교가 우세한 지역이나 상업지구에서는 안식일 기간에 상점들이 문을 닫고 대중교통도 멈추는 등 일반적인 대중 활동들이 모두 중단된다. 유대교 가정은 대개 집안에 모여 함께 음식을 먹고, 토라를 읽고 나누며, 무엇보다 가장 중요한 일인 휴식을 취한다.

Q. 하누카에는 왜 메노라에 촛불을 붙이는가?

메노라는 8개 혹은 9개의 초를 꽂을 수 있는 나뭇가지 모양의 촛대로, 다윗의 별과 함께 유대교의 일반적 상징이다. 메노라는 하누카의 일부분이며, 하누카는 로마의 통치에 저항한 유대인들을 기념하기 위해 12월에 열리는 행사이다.

이 저항의 사연에는 하루치 기름밖에 없던 등불이 기적적으로 여덟 밤 동안 꺼지지 않았던 등잔불의 이야기가 있다. 그래서 메노라에 꽂은 8개의 촛불은 이 8일간의 저항과 그때 일어났던 기적을 상징한다. 메노라의 중앙에 꽂은 아홉 번째 초는 그저 한 번에 하나씩 초에 불을 붙이기 위해 사용되는 점화용 초로, 8일 동안의 축제에 매일 한 번씩 사용한다.

Q. 다윗의 별은 무엇인가?

'다윗의 방패'로도 불리는 다윗의 별은 2개의 삼각형을 서로 포개어 만든 육각형의 별이다. 이 상징은 1700년대에 유대교 공동체들이 산발적으로 사용하다가, 19세기에 시온주의가 사용하면서 보편화되었고, 20세기 들어서는 나치주의와 홀로코스트로 억압받던 유대인들의 상징이었다. 오늘날 다윗의 별은 문화를 넘어 유대교의 가장 일반적인 상징이며, 기독교 십자가 또는 이슬람교 초승달의 유사체가 되었다.

Q. 바르 미츠바는 무엇인가?

'바르 미츠바Bar Mitzvah'라는 용어를 직역하면 '율법의 아들'이다. 이는 아동기를 떠나 성인기에 들어서는 시기를 상징하는 13세 생일을 맞이하는 소년을 축하하는 의식이다. 이 의식에서 소년은 친구들과 가족들 앞에서 유대교 성경의 구절을 읽고 성인이 되었음을 알려서, 이제 모든 행동을 유대교의 율법 아래 책임을 지고 온전한 성인의 예배에 참여하기를 허락받게 되고 심지어 요구받게 된다. 전통적으로는 오직 소년들만 이 의식을 치렀는데, 20세기 초기부터 12세 또는 13세의 소녀들도 바트 미츠바를 할 수 있게 되었다. 이 성인식으로 소녀들은 유대교의 율법, 관습, 그리고 종교적 활동들에 대한 유사한 권리와 책임을 가진 율법의 딸이 된다.

Q. 역사적으로 유대인이 살던 지역은 어디인가?

유대교 조상들의 고향은 현재의 이스라엘이지만, 서기 1000년을 지나면서 유대교 인구의 중심이 크게 이동했다. 그것은 대부분 740년경 아시리아의 추방과 함께 시작된 박해와 추방 때문이었다. 20세기 이전부터 대규모의 유대인들이 중동지역, 북부 아프리카, 유럽, 그 외의 지역으로 이주했다. 새로 정착한 지역의 소수민족으로서, 유대인들은 반유대주의로 알려진 다양한 형태의 편견을 겪었으며, 추방과 재정착의 순환이 반복되었다.

이러한 악순환에도 불구하고 유대인들이 정착한 지역의 지배적 종교들과 평화로운 공존을 이룬 시기들도 많았다. 스페인 종교 재판으로 유대교도들과 이단 기독교도들이 화형에 처해졌고, 오스만 제국(터키 이슬람교 제국)이 그들을 받아주었다. 이 시기 전 무어인들의 시대(이슬람 제국)에는 스페인에서 세 종교의 출신들이 평화롭게 공존하면서 과학과 수학, 그리고 예술을 학습하는 부흥의 일부가 되기도 했다. 오랜 시간에 걸쳐 이 집단들 사이에 종교적·정치적 갈등이 있어 왔지만, 유대교와 기독교 그리고 이슬람교의 믿음이 평화적으로 공존하는 것을 막는 것은 이 종교들 속에 아무것도 없다.

Q. 홀로코스트는 유대교에 어떤 영향을 주었나?

1941년부터 1945년 사이, 제2차 세계대전의 홀로코스트 동안, 약 600만 명의 유대인들이 독일 나치당과 그 부역자들에 의해 조직적으로 살해되었다. 유대교에서는 이 사건을 '쇼아Shoah'라고 부르는데, 이 것은 히브리어로 '재앙'이라는 의미이다. 이 기간이 유대교와 유대교도들에게 끼친 영향은 아무리 과장해도 지나치지 않다. 아돌프 히틀러가 저지른 '최종 결정'은 아마도 유대인 전체에게 감행되었던 최악의 박해였을 것이다.

아돌프 히틀러의 결정이 특별히 끔찍한 이유는 그 시기에 서구 문명에서 기술적으로나 과학적으로 가장 선진국이라고 극찬을 받던 이들의 손으로 자행되었다는 점이다. 독일은 인류를 유익하게 만드는 대신 그 기술적 재량을 그 당시에는 '집시'라고 불렀던 로마인, 동성애자, 여호와의 증인, 정치적 반체제인사 등 뿐만 아니라 강제수용소에 있던 수백만 명의 유대교도들을 끌어 모으고, 이동시키고, 죽이는 데 사용했다.

연합군 세력에 의해 수용소에서 석방된 이후, 살아남은 다수의 유대인들은 미국이나 새로 형성된 이스라엘의 주로 이주했다. 사실 연합군이 유대인들을 위한 공식적인 구역을 세우려는 정치적 의지를 갖게 된 것은 홀로코스트 참상 때문이었다. 신학적으로도 많은 유대교 학자들은 어떻게 하나님이 약속하신 그의 백성들에게 그렇게 끔찍한 집단학살을 겪게 허락하셨는가에 대하여 고심했다. 일부 유대인들은 하나님이 죽었거나 적어도 하나님과 유대교도들 사이의 언약은 끝이 났다고 말하며 무신론자가 되었다. 또 깊이 회개하고 다른 결론을 내린 이들도 있었다.

그럼에도 불구하고 유대교는 돌이킬 수 없는 중대한 변화를 겪게되었다. '절대 다시는Never again'이라는 구호는 그러한 집단학살이 절대로 유대인이나 다른 사람들에게 일어나서는 안 된다는 것을 의미한다. 슬프게도 홀로코스트를 만든 반유대주의는 여전히 존재한다. 전세계 유대인들은 여전히 일상적으로 그들의 회당과 묘지, 그리고 사업장에서 반유대주의를 겪고 있다.

Q. 유대교도가 이스라엘 지역을 중요하게 여기는 이유는 무엇인가?

현재 지도상에서 이스라엘이라고 알려진 지역은 유대교 성경에서 '약속의 땅' 또는 '젖과 꿀이 흐르는 땅'이라 칭하는 지역이다. 이곳은 하나님이 그의 백성들을 이집트의 노예 생활에서 이끌어내신 후에 그들에게 약속했던 땅이다. 성경의 많은 구절들이 고대 히브리인들이 하나님께서 자신들에게 주셨다고 믿던 이 지역을 얻기 위해 투쟁하며 다른 거주민들과 빚었던 물리적 충돌들에 대해 기록하고 있다. 첫 번째 성전과 두 번째 성전은 예루살렘에 지어졌다. 현재 이스라엘이라 부르는 곳은, 짧은 기간 유대교도들이 직접 다스렸다. 수 세기에 걸쳐 여러 다른 제국들에게 그 지역을 빼앗기면서, 유대교도들은 그 땅에 머물며 이교도들의 법 아래에서 살거나, 쫓겨나거나, 자진하여 떠났다.

수 세기 동안 전 세계에서 박해를 받으며, 수많은 유대인들은 시온주의, 즉 다윗 왕과 솔로몬 왕의 시대에 그러했듯이 자신들도 고향 땅을 다시 찾아야 안전을 보장할 수 있다는 생각을 받아들이게 되었다. 19세기 말, 전 세계의 유대인들이 그들의 고향이었던 곳으로 되돌아가기 시작했다. 홀로코스트 이후, 연합군 세력들은 이스라엘을 유대교도들의 고향으로 만들자는 정치적 의지를 모았다. 그곳은 수천 년에 걸쳐 같은 지역에서 살아왔던 팔레스타인 민족들이 그들의 자치구를 만들고자 했던 지역이기도 했다. 하지만 팔레스타인 구는 아직까지 세워지지 않았다.

다른 주요 종교들과의 관계

유대교는 가장 오래된 세계적 유일신교이며, 세계에서 가장 큰 2개의 종교인 기독교와 이슬람교의 모체 종교이기도 하다. 그 결과로 이 세 종교 간에는 서로 공감하는 부분들이 많다. 물론 세 종교 간의 차이점들은 엄연히 존재한다.

● 유대교와 기독교, 그리고 이슬람교는 같은 하나님을 진정한 유일신으로 섬기지만, 그 하나님과 그가 인간을 다루는 것을 이해하는 관점은 상당히 다르다. 그럼에도 불구하고 세 종교 모두를 관통하는 핵심 개념들이 있다. 그것은 바로 하나님이 힌두교의 브라만이나 도교의 '도'와 같이 비인격적인 힘이나 존재가 아니라, 인격적인 신이라는 믿음이다. 하나님이 세상에 개입하며 역사를 통해 특정 인물들과 단체들과 교류한다는 개념, 하나님과의 소통이 인생의 의미와 인간의 번성에 있어 필수적이라는 개념, 하나님을 향한 순종과 복종이 하나님과의 관계를 회복시키고 이 세상과 내세에서 축복을 받을 가능성을 만든다는 개념 등이다.

● 비록 예수는 유대인이었지만, 기독교는 예수를 신으로 찬미하게 되었다. 이는 기독교와 유대교의 극명한 차이점이다. 기독교는 예수를 하나

님의 아들로 여김으로써 유일신주의를 지킨다. 유대교는 이슬람교와 마찬가지로 이 개념을 인정하지 않는다. 유대교에서 유일신주의란 그 글자 그대로의 의미로, 오직 하나님만이 계시며 하나님에겐 아들이 없다는 뜻이다.

● 많은 기독교도들과 이슬람교도들은 유대교의 하나님과 똑같은 하나님을 섬긴다고 주장한다. 많은 유대교도들이 이에 동의하지만, 일부는 이 주장에 조건 없이 동의하는 것을 주저한다. 그 이유는 기독교와 이슬람교가 유대교의 전통에서 묘사하는 하나님과 근본적으로 다른 방식으로 하나님을 묘사하기 때문이다. 일례로 기독교의 삼위일체^{Trinity} 교리는 유대교와 상관이 없다.

● 이슬람교에서 마호메트는 아브라함까지, 심지어 그 이전인 아담과 노아까지 거슬러 올라가는 선지자 계보에서 마지막이자 최종 선지자이다. 일반적으로 유대교에서는 아담이나 노아를 선지자로 보지 않으며, 마호메트가 유대교의 선지자 계보에서 같은 위치에 있다고 여기지도 않는다. 쉽게 말해서 유대교인들은 하나님께서 마호메트를 선지자로 부르셨다고 생각하지 않는다.

CHAPTER 3

도교는 중국의 토착 종교 중 하나로 약 2200년 동안 독특한 종교의 형태로 지속되어 왔다. 중국의 또 다른 토착 종교인 유교와 인도에서 중국으로 건너간 불교와 같이, 도교도 그 이전에 형성되었던 중국 고대의 종교적 전통들과 혼합되었다. 이때 고대 전통이란 조상에게 올리는 제사, 영혼의 세계와 인간 세계 사이를 중재하도록 만들어진 무속 신앙, 그리고 영적 성취를 위해 육체를 최적화시키기 위한 다양한 풍습들을 말한다.

　도교는 이러한 전통들이 삶과 자연에 조화를 이루고, 자신과 죽은 조상들의 개인적 변화를 이루기 위해 요구되는 영적 수련들과 의식들을 완벽하게 해내는 데 더 집중하게 만든다. 이 개인적 변화에는 건강한 신체와 정신이 수반되는 장수와 영적 불멸의 성취도 포함된다. 이로 인해 육체의 한계에서 벗어나 '영원한' 또는 '불멸의 존재들' 중 하나가 될 수 있다.

도교는 엄격한 조직적 구조도 없고, 메카나 예루살렘과 같은 성지도 없고, 교황이나 달라이 라마와 같은 지도자도 없다는 점에서 다른 종교들과 다르다. 실제로 도교의 의식과 행위를 실천하는 많은 사람들은 스스로를 도교 신도라고 여기지 않는다. 하지만 이 종교는 세계에서 가장 많은 인구를 가진 중국과 그 주변의 역사와 사상, 그리고 전통에 막대한 영향을 끼쳤다. 도교는 가장 독실한 신도들에게 특별한 규율들과 집중도를 요구하는 심원한 영적 성취의 방법들을 제시한다. 동시에 일상의 거의 모든 측면에 영향을 끼치며, 오랜 세월 자리 잡아온 중국의 대중 종교 문화에서 없어서는 안 될 중요한 부분을 차지하고 있다.

주요 사항

발생 시기: 기원전 3세기에서 기원전 2세기 사이로 보이지만, 구전에서는 도교의 창시자인 노자가 기원전 6세기에 살았던 것으로 여긴다.

신도 수: 도교 의식이나 활동에 정기적으로 참여하는 수는 1억 명이지만, 스스로를 도교 신도로 여기는 이들의 수는 800만 명뿐이다.

전 세계 인구 대비 신도 비율: 스스로를 도교 신도로 여기는 수는 1퍼센트 미만이지만, 그 영향력은 훨씬 더 크다.

주요 지역: 중국과 중국 문화가 전파된 지역들로, 주로 일본이다.

최대 교파 / 종파: 종교적 도교에는 천사도와 전진교의 두 종파가 있으며, 사상적 도교는 어떤 단체나 종파로 나뉘지 않는다.

주요 경전: 『도덕경』, 『장자』, 『삼동(도덕경, 장자, 그리고 1,400개가 넘는 추가문헌들을 포함)』

대표 상징: 음과 양(66쪽 참고)

주요 역사

기원전 6세기	도교의 창시자인 노자의 생애
기원전 4세기	영향력 있는 도교의 스승인 장자의 생애
기원전 3세기 - 서기 2세기	사상적 도교의 핵심인 『도덕경』과 『장자』가 편찬된다.
기원전 202 - 서기 221년	독특한 의식과 사상, 가르침, 그리고 문헌들의 모음을 가진 도교가 생겨났던 한나라 왕조 시대다.
34 - 156년	오두미교 운동을 창시한 장도릉의 생애. 오두미교는 종교적 도교인 천사도가 된다.
3 - 4세기	신비주의와 청담 사상을 포함하여, 신도교에 여러 학파들이 발전한다.
618 - 906년	도교가 제국의 미미한 지지를 얻은 후 번성하고 발달했던 당나라 왕조 시대다.
1000 - 1250년	도교의 모든 신성한 문헌들을 포함하는 도경 모음집을 만들기 위해 여러 시도들이 이루어진다.
1260 - 1368년	도교의 사원들과 장서들을 파괴한 원나라 왕조 시대다.
1444년	도교 경전들의 총서인 『도장』이 편찬된다. 이 책에는 노자와 장자의 문헌들은 물론, 1,400권이 넘는 도교의 추가문헌들이 담긴 5,000개 이상의 족자들이 포함되어 있다. 도장은 세 가지 주요 부분들의 이름을 따서 '삼동'이라고도 부른다.
1368 - 1644년	도교가 황제의 지지를 받고 도교의 지도자들이 공직을 얻었던 명나라 왕조 시대다.
1644 - 1911년	도교가 지지를 얻지 못하던 청(또는 만주)나라 왕조 시대다.
1911 - 현재	1966년부터 1976년의 모든 종교 활동이 금지되었던 문화대혁명 기간을 제외하고, 중국 정부가 인정한 도교와 공인된 다른 종교들이 존속하고, 일부의 경우는 번창하고 있다.

도교 기념일

도교의 많은 기념일들은 도교만의 행사가 아니라고 할 수 있다. 비종교적인 도덕론자는 물론이고 타종교의 교도들도 도교의 기념일들을 지낸다. 이러한 이유로 대부분의 대중적인 도교 기념일들은 중국의 일반 명절이기도 하다.

음력설 Chinese New Year

1월 또는 2월

가정마다 봄을 맞이하기 위해 대청소를 하고, 조상들과 신께 제사를 드리며, 불꽃놀이를 하고 선물을 주고받으며 기념한다. 종이로 만든 신의 조각상들을 태워 그 재를 높이 날려서 땅에 있는 인간을 하늘에 알린다.

등 축제 Lantern Festival

2월 또는 3월

등 축제는 '원소절'이라고도 하는데, 한 해의 첫 번째 보름달이 뜨는 동안 행운의 신인 천존^{Tianguan}의 탄생을 축하하는 기념일이다. 사람들은 '탕위안(찹쌀 가루 반죽에 검은깨 등의 소를 넣어 동그랗게 빚어 만든 요리-옮긴이)'이라는 달콤한 만두를 먹고, 거리 곳곳에 등불을 달고, 하늘 위로 붉은 등을 날린다.

무덤 청소일 Tomb Sweeping Day

4월

'청명' 또는 '영롱' 축제라고도 불리는 날로, 조상들에게 전념하는 기념일이다. 가족들은 친척들의 무덤 지역을 청소하고, 매장터를 방문하며, 죽은 조상들에게 음식을 바친다.

드래곤 보트 축제 Dragon Boat Festival

6월 또는 7월

드래곤 보트 축제는 '단오절'이라도 한다. 사람들이 용으로 꾸민 배를 타고 경주를 하고 특별한 떡을 먹는다. 도교 도사들은 사악한 영혼들을 물리치기 위한 의식을 거행한다.

걸귀 축제 Hungry Ghost Festival

8월 또는 9월

걸귀 축제는 '중원절'이라도 한다. 도교와 타 종교 신도들이 기념하는 불교의 행사이다. 사람들은 이 기간 동안 제대로 매장되지 못해서 불안한 상태로 돌아다니는 조상의 영혼을 달래고, 가라앉히고, 기리기 위해 음식을 차린다.

하원제 Xiayuan Festival

11월 또는 12월

하원제는 중국의 연중 음력 축제들 중 마지막 축제라고 할 수 있다.

시기는 음력설 직전인 음력 10월에 열린다. 이 축제는 조상들과 다른 신들을 섬기고 경배하는 데 집중한다. 특별한 종이옷과 가짜 지폐를 제물로 태우고, 음식도 바친다. 가족들이 함께 음식을 먹으며 새해를 준비한다.

도교 QnA

Q. 도교의 창시자는 누구인가?

도교는 기원전 6세기에 중국에서 살았던 노자라는 이름의 현자가 창시했다고 구전으로 전해진다. 노자에 대하여 알려진 것이 많지 않아서 일부 학자들은 그가 실제로 존재했는지를 의심하기도 한다. 그러나 대다수는 노자를 역사적인 실재 인물로 본다. 그는 또 한 명의 위대한 중국 현자인 공자와 같은 시기에 살았다. 도교 일화에 따르면 공자가 삶에 대한 조언을 듣기 위해 노자를 방문했다고 한다. 이에 노자는 더 자연스러운 것을 추구하기 위해 직업을 그만두고 생활 방식도 버리라고 공자에게 조언했다고 전해진다.

또 다른 유명한 일화도 있다. 노자는 나라와 그 관리들에게 환멸을 느껴서 중국을 떠나기로 결심한다. 노자가 물소를 타고 국경에 다다랐는데 그곳의 경비대장이 현자인 그를 알아보았다. 그 경비대장은 노자에게 중국을 떠나지 말아달라고 사정했지만, 그는 고집을 꺾지 않았다.

노자의 고집을 꺾지 못한 그 경비대장은 후대를 위해 그의 지혜를 기록하는 동안만 머물러달라고 그를 설득했다. 노자는 그곳에 머물며 얼마 되지 않는 분량을 기록한 다음, 경비대장에게 건네주고 영원히 중국을 떠났다. 그때 남긴 것이 『도덕경』이다. 이때 물소를 타고 있는 노자의 이미지는 아시아 예술 곳곳에서 자주 등장한다. 노자와 그 후에 등장하는 장자라는 이름의 인물은 도교 사상과 도교의 주요 형태에서 가장 중요한 인물들이다. 참고로 '자'라는 접미사는 '거장' 또는 '스승'이라는 뜻이다.

Q. 장자는 누구인가?

장자는 4세기 중국 북부지방에 살았던 도교의 스승이다. 그는 도교에서 『도덕경』 다음으로 두 번째로 중요한 문헌인, 『장자』라는 이름의 더 긴 문헌을 쓴 인물로 인정받는다. 『장자』에는 이야기, 우화, 그리고 장자가 직접 쓴 더 긴 가르침들이 담겨 있는데, 이는 대부분 그의 제자들과 신도들이 쓴 것이다. 장자에 대하여 알려진 것은 많지 않지만, 장자의 이름이 드러나는 문헌들은 그에 대한 꽤 일관된 이미지를 보여준다. 그는 사회적 지위, 평판, 또는 겉모습을 염두에 두지 않았던 이례적인 인물이었다.

장자는 이상적인 롤 모델들이라며 '고대 스승들'이라 부르는 변함없는 칭송뿐만 아니라 의례와 예절을 따르는 유교적인 방식을 비판했다. 장자는 이성적이고 현명하며 신랄한 재치를 가진 인물이었다. 그는 중국 철학의 일류 사상가들과 실천가들에 정면으로 맞섰으며, 심지어 조롱하기도 했다. '대 스승' 노자만이 그가 받든 유일한 고대 현자였다.

그러나 장자는 노자와는 달리, 인간 사회와 통치, 또는 정치에는 아무 관심이 없었다. 문명의 '발길이 닿지 않은' 삶, 사회적 조건화의 통제적 영향으로 빚어진 정형화된 삶보다는, 오히려 '다듬어지지 않은 상태'인 더 고립적이고 개인적인 삶을 선호했던 인물이다.

Q. 도교라는 이름은 어떻게 해서 생기게 되었나?

도교는 도교뿐만이 아니라 중국의 종교 문화 전반에서 발견되는 고전적이며 일반적 개념인 '도'에서 그 이름이 붙여진 것이다. 도를 영어로 옮기기는 쉽지 않아서, 대부분의 학자들은 '방법' 또는 '길'이라고 번역하며 삶과 우주의 모든 것에 적용한다. 바꿔 말해서 '도'란 모든 것의 길이다. 생명을 가진 현실의 모든 존재가 가진 깊은 힘인 것이다. 존재하는 모든 것들이 도에 뿌리를 박고 있으며, 도를 벗어난 것은 아무것도 없다. 내재적인 동시에 초월적이고, 미묘한 동시에 분명한, 마치 모든 존재를 관통하는 무형의 에너지와 같은 것이 바로 도이다.

도교 신도들과 중국의 다른 종교 신도들은 도를 '궁극의 극치'로 여긴다. 그러나 도는 힘이자 실재이자 혹은 본체이지 신이나 인격적인 신적 존재는 아니다. 이는 인간의 언어로는 제대로 기록할 수도, 적절하게 묘사할 수도 없는 것이다. 도는 경험하거나, 느끼거나, 직감하거나, 혹은 느껴야만 하는, 논리적 분석으로 축소될 수 없는 신비한 실재이다.

Q. 도교는 어떠한 신도 섬기지 않는가?

그렇기도 하고 아니기도 하다. 많은 도교 신도들이 자연과 실체 모두에 존재하는 강한 힘 또는 실재로서 도를 숭배한다. 하지만 기도를 하거나 제사를 지내는 인격적인 신과는 관련 짓지는 않는다. 일부 도교 신도들, 특히 도를 철학이 아닌 종교적으로 믿는 신도들은 자신의 조상들을 신으로 섬기고 정기적으로 제사를 드리며 조상들을 공경할 수 있는 사당을 세운다. 조상에게 제사와 숭배를 올리는 행위는 중국 종교에서 긴 역사를 가진 것으로 도교나 유교 이전부터 해온 것이다. 이 두 종교가 이러한 행위들을 각각의 신념과 수련 속에 포함시킨 것이다.

도교는 특별히 신이 된 주요 현인들과 영적 지도자들을 섬기거나 숭배하는데, 이는 그들이 영적 수련을 통해 불멸에 이르렀다고 믿기 때문이다. 도교 사당들과 사원들은 이러한 신들이나 신이 된 현인들의 조각상이나 그림들을 구비해두고, 신도들은 그들에게 제물을 바치고 기도를 드린다.

Q. 도교의 주요 신들은 누구인가?

신도들이 가장 일반적으로 제사를 올리는 대상은 신격화된 사람들, 즉 역사적인 인물들이나 불멸을 이룬 전설의 인물들이다. 바로 도를 방사하는 존재로 가장 높은 신으로 여기는 옥황상제, 기원전 3세기에 살았으며 중국 여러 종교에서 섬기는 고대 현인들 중 하나인 황제

도교의 일상

사원 참배

중국은 크기와 화려함의 정도가 다양한 사원들로 가득하고, 종종 이 사원들에는 도교와 불교의 이미지와 관례가 담겨 있다. 사원이 급증한 덕분에 도교 신도들을 포함한 중국 종교의 일반 신도들이 생활의 일부로 정기적인 사원 참배를 드리기가 수월해졌다.

가장 기본적인 사원 참배에는 그 사원에서 모시는 하나 또는 그 이상의 신들이나 불멸의 존재들에게 바치는 제물이 포함되어 있다. 가장 간소한 제물로 올리는 것이 향이다. 대부분 사원에는 참배자들이 구입하여 불을 붙이고 신에게 제물로 바칠 수 있도록 막대 향들이 구비되어 있다. 참배자는 기도하는 자세로 향을 두 손으로 들고, 신의 형상이나 그림에 절을 한다. 그다음 불을 붙인 향을 가까이에 있는 모래 사발에 꽂아 그 향기가 신 주변으로 퍼지게 하며 참배를 드린다.

다른 제물로는 음식, 음료, 꽃, 사탕, 또는 돈이 있다. 일부 사원들은 영구적이고, 가치가 있으며, 파괴되지 않는 무언가를 상징하기 위해 황금 종이로 만든 가짜 돈을 구비해둔다. 이것을 신께 바치는 것은 참배자의 봉헌이 영원히 변하지 않는 확고한 것이며, 신께 바치는 그들의 봉헌과 제사가 그들의 삶에서 가장 가치 있는 일임을 상징하는 것이다.

(전설상의 중국 초대 황제-옮긴이), 3세기에 관우(또는 관공)라는 이름의 군인으로 처형당한 후 제국의 수호신으로 그려지는 군 황제가 있다. 그리고 불멸의 존재들로 불리는 신인들과 역사와 전설 속에서 각각 특별한 장비와 특징, 그리고 능력을 가진 8명의 인물들이 있다. 이 신들(그리고 다른 많은 신들)은 사원과 사당에 모두 전통적·독자적 방식들

을 통해 예술적으로 표현된다.

Q. 도교에서는 어떤 경전을 사용하는가?

앞에서 언급한 대로 도교에서 신성하게 여기는 두 가지 기본 문헌은
『도덕경』과 『장자』로, 각각 노자와 장자가 쓴 것이다. 아마도 이 문헌
들은 두 사람의 나중에 작성되거나 엮었을 것이다. 그러나 도교의 근
본적인 경전 또는 기준이 되는 기본 문헌은 『도장』으로, 『도덕경』과
『장자』, 그리고 13세기까지의 도교 현인들과 스승들이 만든 1,400개
의 다른 문헌들이 모두 포함된 문집이다. 이 문집은 종종 『삼동』이라
고도 불리는데, 그 이유는 도장의 세 부분이 동굴 또는 굴의 이름을
따서 지어졌기 때문이다.

Q. 사상적 도교와 종교적 도교는 도교 신도들의 주요 단
체 또는 종파인가?

대다수 학자들은 도교가 두 기본 방식으로 실천된다고 보는데, 이
두 방식은 서로 매우 다르다. 사상적 도교를 따르는 신도들은 노자와
장자의 가르침에 집중한다. 그들의 가르침은 자연에 드러난 도의 에
너지에 뿌리를 두는 단순한 삶의 영위를 강조한다. 이러한 도가사상
은 종종 자연 신비주의와 유사하며, 일련의 특정 의식을 행한다기보
다는 삶과 세상을 보는 방법이라고 할 수 있다.

종교적 또는 '마술적' 도교를 따르는 신도들은 노자의 가르침에 뿌리를 두고, 샤머니즘과 중국 종교에서 흔하게 다루는 많은 의식 형태들을 혼합했다. 이 의식들의 대부분이 장례 의식, 죽은 자에 대한 적절한 존경, 장수와 활력, 그리고 자신과 선조들의 불멸까지 얻는 데 집중되어 있다. 종교적 도교에는 사제와 의식, 그리고 신성한 장소 등이 있어 대다수의 사람들이 종교로 여기는 것과 매우 유사하다. 이와 반대로 사상적 도교는 생활방식, 세계관 또는 '도교'라는 이름이 제시하는 것처럼 철학에 좀 더 가깝다.

Q. 그렇다면 도교는 종교인가 아니면 철학인가?

두 가지 모두에 해당한다. 사상적 도교가 주장하는 자연에 대한 신비주의는 대개 사람들이 최대한 단순하고 자연스럽게, 현재의 문화가 지지하는 바와 상관없이 '사람들의 관심사에서 벗어나' 살기 위해 노력하도록 만든다. 반면에 종교적 도교를 믿는 사람들은 조상을 기리고 신이나 불멸의 상태에 이른 이들을 섬기기 위한 제사와 의식을 더 중시한다. 종교적 도교는 기념일과 축제 의식 일정에 맞춰져 있는데, 이 중에서 많은 일정들이 달의 주기와 자연 절기들에 따라 정해진다. 따라서 도교의 두 가지 형태는 주요 방식에 있어서는 매우 다르지만, 두 방식의 근원에는 우리의 삶을 '도'라는 거대한 존재 속에 놓고 보는 공통된 세계관이 있다.

Q. 도교의 성지는 어디인가?

도교가 중요하게 여기는 성스러운 장소들은 여럿이다. 사상적 도교에서는 자연의 특별한 측면에 근접한 모든 공간이 신성하다. 특히 몇 개의 산들을 신성하게 여기는데, 이것 역시 중국 종교의 전반적인 특징이다. 강, 개울, 초원, 숲, 그리고 계곡도 도교 신도들에게는 신성한 장소가 될 수 있다. 도교는 도사들과 다른 도관들이 다양한 제사와 의식을 행하는 모든 크기의 상설, 임시, 또는 이동식 사원들을 세운다. 마지막으로 좀 더 수수한 형태의 사원은 가정의 제단이나 사당에서도 볼 수 있다. 신이나 불멸의 존재가 된 조상들의 조각상과 그림, 음식과 음료 또는 돈과 같은 제물이 담긴 쟁반, 향과 향꽂이 등이 그렇다. 이 모든 것들은 대형 사원에서도, 가정의 제단에서도 흔히 볼 수 있는 물건들이다.

Q. 어떤 방법으로 종교적 도교를 실천하는가?

가장 흔한 방법은 규칙적으로 사원 참배를 하는 것이다(78쪽 참고). 가정의 제단이나 사당에서 조상들을 참배하고 기리기, 주요 명절(특히 조상과 관련이 있는 명절들) 기념하기, 그리고 불멸의 존재가 되거나 최소한 장수를 이루기 위한 수련에 참가하기 등의 방법도 있다. 이 수련에는 여러 번의 신체 움직임, 명상, 호흡 수련은 물론, 연금술 수련도 포함된다.

Q. 종교적 도교에서 말하는 연금술이란 무엇인가?

도교에서 장수나 불멸을 얻기 위한 목적으로 몸에 유익한 기운을 가져다주는 묘약을 섭취하는 것을 연금술이라고 한다. 도교에서는 '외부 묘약(외단)'과 '내부 묘약(내단)'에 대해 설명한다. 외단은 신체 생활 에너지의 적절한 균형을 유지하거나 활성화시키기 위한 약물이나 보조 식품을 만들기 위하여 유화수은(황과 수은의 화합물을 통틀어 이르는 말-옮긴이), 옥, 금, 그리고 다른 물질들과 같은 재료들을 이용하는 여러 공식 또는 조리법들을 말한다. 내단에는 기공, 태극권 등의 신체 움직임, 호흡 기술, 그리고 명상법이 포함된다.

Q. 도교에는 어떤 종류의 도사 혹은 영적인 지도자들이 있는가?

도교에는 하나로 집중된 종교적 권한이나 성직자의 계급이 없다. 각기 다른 사상이나 방식들은 각각의 방법들로 지도자와 그 역할을 결정한다. 그렇다 해도, 도교라는 종교 내에는 여러 다른 사상들에 걸쳐 빈번하게 등장하는 몇 가지 지위 혹은 역할이 있다.

도교의 성직자들은 보통 사원에서 지내며 '도사'라고 불린다. 도사는 사람들을 기도로 이끌거나 사원에서 제사를 지내지만, 다른 종교의 수도승들과 마찬가지로 자신의 영적 수련에 더 집중한다. 그래서 일반 지도자들 또는 '일반 도사들(사공)'이 주변에 거주하는 일반인들을 가르치며, 일정표에 있거나 신도들이 요청하는 다수의 제사

도교의 일상

기공

기공과 같은 움직임 수련은 도교 수련자들이 조화, 장수, 그리고 불멸까지 이르기 위해 시도하는 가장 대중적인 방법의 일부이다. 일반적으로 '기'라는 단어는 '에너지'로, '공'은 '작업' '노력' 또는 '수련'이라는 단어로 옮긴다. 그러므로 기공을 하는 사람은 '에너지 작업' 또는 '에너지 수련'을 하는 사람이다.

기공은 몸 전체의 에너지 또는 기의 흐름을 배분하고 다루기 위해 만든 신체의 움직임들과 자세들을 모아놓은 것이다. 기가 막히거나 정체되어 있으면, 질병에 걸리기도 하고 어떤 종류의 영적 깨우침도 얻기 힘들어진다. 또한 스트레스와 분노, 질투, 공포, 또는 다른 마음과 정신의 질병들에 사로잡힐 수도 있다. 특별한 명상과 심상, 그리고 단련된 호흡 기술을 동반하는 느리고 포괄적인 움직임들을 통해, 기공은 수련자들이 자신의 내면, 그리고 주변의 자연과 조화를 이루도록 돕는다. 수련자들은 종종 모든 것이 아직 평화롭고 고요한 아침 일출에 맞춰 공원이나 아름다운 자연경관이 보이는 장소에서 기공을 한다.

와 의식을 지낸다. 때때로 일반 지도자들은 치유나 퇴마와 같이 그 공동체에서 유명해지게 된 전문 분야들을 가지고 있고, 다른 종교의 주술사들과 같은 역할을 한다.

지배적이고 더 공인된 학파의 도사들에게 수련을 받은 일반 도사들을 흑모 Black Hats라고 부른다(그 이름에서 알 수 있듯이 그들은 금색 매듭이 위에 달린 작은 검은색 모자를 쓴다). 흑모에게는 주요 명절과 기념일에 동반되는 모든 주요 제사를 치를 권한이 주어진다. 홍모 Red Hats라 불리는 또 다른 지도자 집단은 주요 사원의 도사들로부터 가장 중요한 제사를 치를 권한은 받지 못했지만, 더 고귀한 의식을 위해 흑모가 포기한 퇴마나 다른 주술적 의식을 맡는다.

Q. 일부 도사들은 어떤 방식으로 주술사의 역할을 수행하는가?

영적 세계 또는 신들의 영역이 어떻게 표현되든지, 신이라 여기는 모든 존재의 중재자 역할을 하는 사람이 주술사이다. 주술사들은 종종 영적 세계의 메시지를 전달하기 위해 무아지경과 같은 변화된 의식 상태에 들어가고, 일시적으로 그들이 중재하는 신이나 영혼의 인격을 받아들이거나 사로잡히기도 한다. 샤머니즘은 오랜 기간 이어진 중국 민속 종교의 일부로, 종교적 도교의 관례 속에 뒤섞여 있다. 도사는 사람들과 신이 된 선조들, 다른 영혼들, 또는 신들과 소통하고자 하는 사람들을 연결하는 중재자 역할을 하기도 한다.

Q. 종교적 도교 내의 주요 종파 또는 방식에는 어떤 것들이 있는가?

종교적 도교에서 가장 긴 역사와 가장 큰 영향력을 가진 종파는 2세기 중반에 창시된 천사도이다. 천사도는 도교적 의례의 기준과 도사들이 그 기준을 지키는 법을 세웠다. 12세기에 탄생한 전진교는 도교에서 가장 두드러지게 수도사적인 공동체이며, 여러 하위 분파들이 존재한다. 현재 가장 영향력이 큰 단체인 용문파는 베이징의 도교 사원인 백운관 외곽에서 활동한다. 태일도, 진대교, 천심교 등 오랜 기간에 걸쳐 도교 내에서 주목을 끌었던 단체들도 있었으나, 지금은 활동하지 않는다.

Q. 사상적 도교는 제사나 사원 참배에 크게 중점을 두지 않는데, 그렇다면 그들이 가장 중요하게 여기는 가르침은 무엇인가?

사상적 도교에서 가장 중시하는 두 가지 덕목은 자연스러움과 무위다. 기본적으로 도교 신도들은 인간이 선한 존재이며 자연의 모든 생명과 존재와 더불어 살도록 만들어졌다고 본다. 그러나 우리가 자연을 통제하거나 우리의 의지로 다른 존재들을 꺾으려 하면, 균형이 깨지면서 파괴적이고 부정하며 심지어 사악한 일들이 일어나게 될 수 있다. 도교는 모든 사물과 모든 사람은 그들이 무슨 일을 하고 어떤 존재가 되도록 만들어졌든지, 각자에게 자연스러운 것을 행할 때 번성하고 행복하다고 가르친다.

예를 들어 나무는 그 내재된 특성들이 자연스럽다고 여기는 형태와 크기, 그리고 색으로 자라게 만들어졌다. 크기를 더 작게 또는 더 크게, 잎과 나무 표면을 다른 종류로, 또는 다른 색을 내도록 억지로 다르게 자라게 하는 시도는 그 본성을 거스르는 일이 된다. 그 과정은 그 나무를 본래 주어진 것이 아닌 모습이 되도록 억지로 애를 쓰는 사람에게도, 그리고 그 나무 자체에도 힘겨운 일일 것이다. 그 나무의 원래 모습대로 두는 것이 더 나은 방법이다. 우리가 주어진 대로 자연스럽게 일을 하고 주어진 그대로의 존재가 될 때, 그 어떤 고투도 생기지 않는다.

여기에 직결되는 것이 '무위'라는 개념이다. 그 나무가 자연스럽게 주어진 대로 되어가는 과정에서는 그 어떤 것도 할 필요가 없다. 감내해야 할 계산된 억지로 꾸민 움직임도 없다. 쾌적한 환경에 심어졌다 여기고, 그저 그곳에 서 있기만 하면 되는 것이다. 그 이상의 움직임은 필요치 않다. 자연스러움과 무위가 협력하여 모든 존재와 인간의 삶에 편안한 흐름을 만들어낸다. 이러한 흐름이 도의 본질적 속성이다. 가장 깊숙이 내재된 진정한 본능에 따라 자연스럽게 삶을 영위하면, 우리가 취하는 행동과 우리가 쏟는 노력은 분투나 일이 되지 않는다.

Q. 도교에서는 모든 것의 '흐름'이나 '길'이 중요하다는 개념을 어떻게 설명하는가?

도는 모든 것의 길이고, 모든 존재의 자연스런 흐름이다. 득도가 쉬운 이유는 도가 모든 것의 가장 기본 상태에 존재하기 때문이다. 우리가 우리 자신과 타인, 또는 자연 세계를 원래 주어진 모습 또는 의도와는 다르게, 또는 그런 의도로 만들고자 지배하거나 통제하거나 조종

할 때 문제가 생기는 것이다.

삶의 평안, 품위, 그리고 평화는 우리가 도와 함께 조화를 이룰 때 경험할 수 있다. 대개 모든 것의 길에는 시간의 흐름 속에서 서로 자연스럽게 균형을 이루는 상대와의 상호작용이 있다. 삶과 죽음, 기쁨과 슬픔, 빛과 어둠, 남자와 여자, 상승과 하강, 젊은이와 노인처럼 말이다. 이 반대되는 것들과의 자연스런 상호작용은 음과 양의 동그라미에 기호화되어 나타나 있다(66쪽 참고). 논란의 여지가 있지만 이 상징은 모든 중국 종교에서 가장 흔한 상징이다.

Q. 그렇다면 음과 양은 극과 극의 반대인 것인가?

그렇다. 이 상징의 어두운 부분이 음, 밝은 부분이 양이다. 이 둥근 상징의 디자인은 끝없는 흐름, 삶에서 극과 극의 반대되는 측면들 사이를 끝없이 오고 가는 움직임을 느끼게 한다. 삶의 모든 것은 이 상호의존적, 상호확증적인 길에서 순환한다. 도교는 이러한 극과 극의 상호작용이 온전히 자연스런 도의 일부임을 가르친다. 우리가 이것을 받아들이고, 삶과 사고의 방법을 도에 맞출수록, 우리의 삶은 더 평화롭고 즐거울 수 있다.

Q. 도교의 목표는 조화인가?

간단하게 말하자면, 그렇다. 모든 중국 종교들의 목표가 조화이지만,

도교에는 조화를 이루는 방법을 다루는 도교만의 개념과 가르침이
있다. 사상적 도교 신도는 자신 내면에서의 조화, 타인과 자연과의
조화, 그리고 '도'와의 조화를 소망한다. 종교적 도교 신도 역시 이러
한 조화를 소망한다. 조상과 신에게 올리는 제사를 지키고 제대로 기
림으로써 그 조화를 이루려 한다. 불멸 또한 도교 신도들의 최종 목
표가 되었다.

Q. 도교와 유교에 공통된 역사가 있다고 했는데, 두 종교의 믿음은 어떻게 다른가?

도교의 초기 도사인 노자는 공자와 같은 시대인 기원전 6세기에 살
았다(74쪽 참고). 공자는 공적이고 사적인 삶의 모든 부분에 적용되는
예법을 지킴으로써, 사회에서 이루는 조화에 자신의 철학을 집중한
철학자이자 정부 관리였다. 유교 학자들은 유교의 고전 문헌과 관습
을 익히고 숙달하는 데 오랜 시간을 바친 학식이 매우 높은 사람들
이었고, 가능한 모든 상황에 필요한 복잡한 예법과 제사를 잘 알고
있는 매우 교양 있는 사람들이었다.

　유교와 함께 발생한 도교는 삶과 사회 속에서 조화를 이루는 매
우 다른 접근방식을 취했으며, 종종 유교의 방침을 신랄하게 비난하
기도 했다. 장자와 같은 도교 신도들에게는 쉼 없이 혹독하게 유교
학문과 행동 예법에 스스로를 바치는 것이 가장 자연스럽지 못한 삶
의 방식이었다. 또한 도교는 그러한 엄격한 행동적 규범들이 개인 또

는 사회에서 조화를 만들어내기커녕, 인간이 되는 자연스런 본능을 훼손한다고 주장한다.

도교 문학에는 유명한 도교 현자들과 유교 학자들 간의 논쟁이 상세하게 기록된 일화들이 많다. 이렇게 뚜렷한 차이가 있음에도 불구하고, 두 종교 방식은 이전에 있던 중국 민속 종교의 공통된 견지에 뿌리를 내렸다. 일부 학자들은 유교와 도교가 중국 종교의 음과 양이라고 말하기도 한다. 즉 자연스럽게 서로 주고받으며 상호의존적으로 존재하는 극과 극이라고 말이다.

Q. 중국 본토 이외에, 도교를 실천하는 곳은 어디인가?

도교는 홍콩, 타이완, 그리고 싱가포르를 포함하여, 중국 본토 이외의 지역에 대중적으로 전파되어 있다. 미국의 경우 특히 샌프란시스코와 같은 대도시의 중국인 공동체 내에서 여러 세대에 걸쳐 도교를 지켜왔다. 반면에 중국인의 후손이 아니면서 도교를 실천하는 경우는 종교적 도교가 아닌 사상적 형태를 받아들인 사람들이다. 도교의 철학, 특히 『도덕경』에 나타난 사상은 서양을 비롯한 전 세계 수많은 지역에서 인기가 높다.

다른 주요 종교들과의 관계

중국 종교 자체의 복잡함을 표현한 유명한 속담이 있다. "중국에 가면 모든 사람들이 유교 신도의 모자를 쓰고, 도교 신도의 옷을 입고, 불교 신도의 신발을 신고 있다." 중국 종교가 다른 나라 사람들에게는 혼란스럽게 보일 수 있다는 점, 다시 말해 각각의 종교를 믿는 사람들이 완벽하게 이해할 수 있는 방식으로 세 가지 다른 종교의 관습들이 중국 종교에 섞여 있음을 지적하는 속담이다.

● 유교와 불교처럼 도교도 신조나 교리를 제대로 지키는 것보다, 제대로 수행하는 것에 더 집중한다. 이 종교들은 각각의 종교 내에서는 물론이고 타 종교들의 다양한 개념들을 상당히 많이 수용하는 경향이 있다. 이런 이유로 세 종교는 중국에서 수천 년 동안 풍부하고 복잡한 방식으로 함께 뒤섞여 왔다. 일례로 도교의 사원에는 불교의 보살상들이 있고, 도교 도사들은 불교의 명상법을 사용하여 영적 수련을 하기도 한다.

● 도교와 유교는 두 종교보다 앞선 중국 민속 종교에 뿌리를 두고 있다. 하지만 도교는 자연에, 유교는 사회 개선에 우선적으로 초점을 맞춘다.

● 일본이 헤이안 시대(8세기에서 12세기 사이)에 중국 문화를 들여왔을 때, 이 혼합된 중국 종교에 네 번째 종교, 바로 일본 토종 종교인 신도가 더해졌다.

● '도'는 힌두교의 '브라만' 개념과 유사한 점이 있다. 두 개념 모두 모든 존재 중 최상의, 최종의, 그리고 영원한 존재로 숭배받는 비인격적 개념이다.

● 신조와 교리가 아닌 자연과 제사에 집중하는 도교는 유대교와 기독교, 그리고 이슬람교가 주장하는 아브라함의 유일신주의와 구별된다.

CHAPTER 4

불교

기원전 6세기 인도에서 발생한 불교는 고타마 싯다르타라는 인물의 삶과 가르침에 중심을 둔 종교이다. 그는 '붓다' 혹은 '깨달은 자'라는 명칭으로 알려진 인물이다. 싯다르타는 제자들을 모아 자신의 철학과 방법을 가르쳤고, 그의 제자들과 그들을 따르던 사람들이 동남아시아 전역과 전 세계로 그의 가르침을 전파했다. 싯다르타가 힌두교인으로 태어났기 때문에, 불교에는 업보와 윤회 같은 힌두교의 여러 근본 교리들이 담겨 있다. 그러나 불교는 특별한 방식들로 힌두교의 뿌리에서 벗어난다.

　중국과 일본 등의 여러 지역에서, 불교는 도교와 신도 같은 토착 신앙들과 쉽게 섞인다. 대부분의 세계적 종교들과 마찬가지로, 불교도 그 종교가 자리를 잡는 지역 문화의 특징들을 받아들인다. 그렇기 때문에 나라마다 그 형태가 매우 다르다. 그렇기는 해도 불교의 가르침과 수행의 핵심은, 인간의 삶에서 생기는 고통이 우리의 마음을 지배하는 극도의 집착을 무시하거나 다스리지 않을 때 생긴다는 것이다. 그 고통을 달래는 방법은 학습과 명상을 통한 교육과 수련이다.

불교의 명상법은 각자가 원하는 대로 복잡하기도 하고, 단순하기도 하다. 불교는 인간이 전개할 수 있는 가장 복잡한 수준의 정신과 의식의 철학을 담고 있다. 동시에 불교는 누구나, 어디서든 깨달음을 추구하고 고통을 줄이는 마음의 수행을 시작할 수 있는 가장 단순하고 쉬운 수행 방법들을 제시한다. 이것이 불교와 전혀 상관이 없는 다른 종교 신도들도 불교의 명상 수련을 하는 이유이다. 불교 신도가 아닌 사람들, 특히 서양에서는 불교의 명상법을 통증 관리와 스트레스 완화와 같이 비종교적인 목적으로 사용한다. 불교는 이런 식으로 인생의 행보를 걷는 모든 사람들의 마음을 사로잡고 매료시키는 세계적 종교가 되었다.

주요 사항

발생 시기: 기원전 6세기

신도 수: 약 5억 명

전 세계 인구 대비 신도 비율: 약 7퍼센트

주요 지역: 중국, 태국, 그리고 일본을 포함한 아시아-태평양 국가들

최대 교파 / 종파: 대승불교

주요 경전: 불교 초기에 팔리어^Pali(고대 인도어-옮긴이)로 쓰인 문헌들의 모음인 『삼장』

대표 상징: 불상들, 연꽃, 그리고 법륜(92쪽 참고)

주요 역사

기원전 6세기	붓다로 불리게 된 고타마 싯다르타의 생애(정확한 연도에 대하여 학자들 간의 논쟁이 있으며, 그의 출현을 기원전 3세기 정도로 잡는 일부 학자들도 있다)
기원전 273 - 236년	마우리아 제국의 왕인 아소카의 통치 기간으로, 그는 불교로 개종하고 불교가 인도 전역과 스리랑카까지 전파되도록 돕는다.
기원전 250년	아소카가 소집한 세 번째 결집에서 『삼장』을 불교의 경전으로 결정한다.
기원전 300년 - 서기 100년	불교의 주요 종파, 즉 소승불교와 대승불교 등장한다. 불교가 동남아시아로 퍼져나간다.
1세기	불교가 중국으로 전파된다.
2 - 3세기	불교의 저명한 사상가이자 중관파의 창시자인 나가르주나 Nagarjuna의 생애
5세기	중국 선불교(후에 일본의 선종)의 창시자인 보디다르마Bodhidharma의 생애
5 - 6세기	불교의 유가행파의 사상가이자 창시자인 아상가Asanga의 생애
6세기	불교가 한국에서 일본으로 전파된다.
8세기	선교사인 파드마삼바바Padmasambhava의 노력으로 티베트에서 밀교가 확립된다.
9세기	대승불교의 사원/사리탑 건축물이자 전 세계에서 가장 큰 불교 사원인 보로부두르가 건립된다.
13세기	일본에서 선종, 정토, 그리고 니치렌 불교가 시작된다.
1893년	일리노이주 시카고에서 열린 세계 종교 의회에서, 불교가 아시아에서 생성된 다른 종교들과 함께 서양인들에게 대대적으로 소개된다.
1989년	티베트의 제14대 달라이 라마, 텐진 갸초가 노벨 평화상을 수상한다.

불교 기념일

파리니르바나 Parinirvana

2월

열반재일, Nirvana Day이다. 부처의 열반 입적과 같은 의미인 그의 죽음을 기리는 기념일이다. 참석자들은 절이나 사원에 모여 명상을 하고 자선 선물을 전달하며 음식을 먹는다.

관세음보살의 생일 Avalokitesvara's Birthday

봄, 여름, 그리고 가을(북반구)

여러 나라에서 연 3회에 걸쳐 이 유명한 보살의 기념일이 열린다. 사람들은 대개 그녀의 불상에 바치고 명상을 하기 위해 떡과 생화를 가지고 절을 방문한다.

베삭 Vesak

5월

매년 5월 첫 보름달이 뜨는 날에 열리는 이 행사는 붓다의 탄생과 깨달음, 그리고 죽음을 기념하는 날이다. '베삭'은 그가 탄생한 달의 인도어이다. 절에 모여 명상을 하고, 공물을 바치고, 붓다의 불상을 세척하며, 채식을 한다.

보리수의 날 Bodhi Day

12월

붓다가 보리수 아래에 앉아 깨달음을 얻은 것을 차분하게 기념하는 날이다. 사람들은 절에 모여 염불과 명상을 하고, 소그룹으로 만나 차를 마신다. 어떤 이들은 전설 속의 보리수를 기념하고자 무화과나 전나무를 장식하기도 한다.

불교 QnA

Q. 붓다는 누구였나?

붓다의 본명은 고타마 싯다르타로, 기원전 6세기에 살았던 인물이다. 그가 아버지의 왕국을 물려받기로 되어 있던 왕자의 신분으로 영적 위기를 겪었기에, 힌두교 전통에 따라 집과 가족을 떠나 고행자, 혹은 숲 생활자가 되었다고 구전으로 전해진다. 그는 힌두교와 자이나교 스승들에게도 가르침을 받았고 다양한 고행들을 수행했으며 힌두교가 가르치는 방법들을 익혔지만, 그 어떤 것도 그가 영적 목표들을 이루는 데 도움이 되지 않았다.

결국 싯다르타는 홀로 명상을 하기 위해 보리수 아래에 앉았다. 몇 주 뒤 무아지경에 빠져 끔찍한 환상을 경험하고 고통스런 내면의 싸움을 견디고 나서, 깨달음을 얻게 되었다. 그는 제자들을 모아 진리로 깨닫게 된 것을 가르치기 시작했다.

이후 45년간 싯다르타는 불교의 율법이라 불리는 진리를 그의 제자들과 신도들에게 가르치고, 불교 교단 또는 공동체가 된 기본 사상을 정립했다. 그는 약 80세까지 살았으며, 불교 신앙에 따르면, 열반('멸' 또는 '공')에 들어 생과 사, 그리고 환생의 고리로부터 벗어났다. 그가 남긴 것은 불보(그의 삶과 본보기), 법보(가르침과 교리), 그리고 승보(수행자들의 통칭)의 '삼보'라 부른다.

'붓다'라는 단어는 '깨달은 자'라는 뜻의 명칭이다. 구전에 따르면 싯다르타가 보리수 아래에서 깨달음을 얻은 후, 그의 고유한 명칭이 되었다.

Q. 붓다가 원하던 것을 힌두교에서 찾지 않은 이유는 무엇인가?

구전에서는 그 시기 힌두교 수행의 두 가지 측면이 그에게 맞지 않았다고 한다. 하나는 지나치게 사상적이고 이론적이라는 점, 그리고 다른 하나는 지나치게 금욕적이라는 것이었다. 그가 추구하는 것은 두 번째, 즉 금식을 하고 수면을 취하지 않는 등의 금욕적 수행과 맞지 않았다고 한다.

일화에 따르면 그 당시 자이나교와 일부 힌두교 교파들에서 흔하게 여기던 금욕적 수행을 통해 깨달음을 얻으려고 최대한의 시도를 하는 동안, 매일 그가 섭취한 음식은 쌀 한 톨과 물 한 방울뿐이었다고 한다. 극도로 수척한 모습으로 고행을 하고 있는 싯다르타가 그려진 불교 도상들도 있다.

후에 그는 어린 시절 아버지의 궁전에서 기름진 음식을 먹고 좋은 술을 마시던 때보다, 금욕적 고행을 하는 동안 명상도 깨달음을 얻는 데도 집중할 수도 없었다고 가르쳤다. 혹독한 고행과 지나친 도락, 두 방법 모두 그를 나태하고 무기력하게 만들었다. 이런 이유로 불교의 길을 종종 극도의 도락과 극도의 고행의 중간인 '중도'라고 부른다. 건강한 상태를 유지할 정도로 먹고, 움직이고, 휴식을 취해야, 제대로 그리고 효과적으로 명상할 수 있다.

Q. 붓다가 깨달은 자이며 보리수 아래에서 깨달음을 얻었다고 했는데, 그가 얻은 진리는 무엇인가?

불교가 가르치는 가장 기본적인 교리는 사성제다. 불교의 모든 종파들이 사성제를 정말로 고귀하고 진실한 것으로, 그리고 붓다의 가르침의 핵심으로 여긴다. 사성제에는 붓다가 보리수 아래에서 깨달음을 얻으며 알게 된 진리의 정수가 담겨 있다. 사성제의 네 가지는 다음과 같다.

1. 고苦: 모든 생에는 고통이 따른다. 가장 높은 특권층의 삶에도 고통이 있다.
2. 집集: 고통은 대부분 마음의 집착, 즉 원래 지어진 대로가 아닌 것을 원하는 무지몽매한 바람 때문에 생겨난다.
3. 멸滅: 고통은 마음의 집착을 깨달음으로써 최소화하거나 소멸시킬 수 있다.
4. 도道: 깨달음에 이르는 8가지 방법이 있다. 불교 가르침과 수행의 대부분이 이러한 방법 중 하나 또는 그 이상을 이루는 것이라고 볼 수 있다. 이 방법은 종종 법의 바퀴라고도 알려진 법륜의 여덟 바퀴(92쪽 참고)로 형상화된다.

Q. 불교는 어떻게 전파되었나?

불교도 다른 종교들이 전파된 방법으로, 즉 인류의 이동, 무역로, 그리고 자연적 증가에 의해 전파되었다. 특히 불교는 그 발생지인 인도에서, 그리고 몇 백 년 후 중국에서 황제들의 지지를 얻었다. 기원전 3세기, 인도의 황제인 아소카는 직접 불교의 가르침을 받아들였고, 인도와 그 너머까지 불교의 가르침을 전하기 위해 승려들을 보냈다. 중국에서는 당나라 시대(7세기부터 10세기까지)가 불교 발전에 있어서 황금시대로 여겨지는데, 이때 황제의 지원을 받아 불교가 대규모로 전파되었다. 일부 예에서 보듯이, 헤이안 시대(8세기부터 12세기까지)에 중국 문화를 대규모로 들여왔던 일본의 경우처럼 결국 전파의 메커니즘은 문화 전용轉用이었다.

Q. 붓다가 무지한 바람이 고통을 만든다고 말한 것은 무슨 의미인가?

무지한 바람은 마음으로 경험하는 일종의 갈망이다. 붓다는 존재의 본성에 대하여 무지몽매할 때, 우리의 마음은 얻는 것이 거의 불가능한 것들을 갈망하게 된다고 가르쳤다. 그럴 수 없음에도 불구하고 우리의 마음은 무언가가 영원히 지속되기를 바라며, 영원하지 않은 것들을 소유함으로써 영원한 행복을 누리기를 바란다. 자신의 마음 말고는 아무것도 통제할 수 없는데도, 우리의 마음은 무언가를 통제하고 절대 잃지 않으려고 애를 쓰면서 부여잡고 매달리려 한다.

이렇게 갈망하는 우리의 마음이 이 모든 시도를 이루지 못할 때, 우리는 고통을 겪는다. 그래서 붓다는 고통을 줄이고 나아가 고통에서 벗어나는 방법이 마음의 깨달음이라고 가르쳤다. 고통의 원인은 내가 아닌 누군가, 또는 무엇이 아닌 바로 내 안에 있다. 바로 나 자신의 마음에 있는 것이다.

Q. 불교도 힌두교와 마찬가지로 업보와 윤회를 믿는가?

그렇다. 불교는 이러한 두 가지 핵심 개념을 힌두교에서 가져왔다. 두 종교 모두 업보가 도덕적 의미를 지닌 행위에 동반되는 에너지이며, 업보의 에너지는 그것이 상쇄될 때까지 수없이 많은 생에 걸쳐 우리를 따라다닌다고 가르친다. 불교와 힌두교 모두 사람들이 영적 수련을 통해 벗어날 때까지 생과 사, 그리고 환생의 고리 속에 끊임없이 존재한다는 순환적 시간 개념으로 윤회를 이해한다.

Q. 불교 신도도 신이나 힌두교의 신들을 숭배하는가?

그렇지는 않다. 불교는 본질적으로 무신론적 종교, 즉 '신이 없다'고 전제하는 종교이다. 일반적으로 불교 신도들은 신이나 신적 존재를 숭배하는 것이 열반에 이르는 방법이나 무지몽매한 바람을 다스리는 방법이라고 여기지 않는다. 보리수 아래에 있는 붓다의 불교 도상들은 깨달음을 얻은 뒤에 힌두교의 신들을 받아들이는 붓다를 보여준다. 이 그림들을 보면 힌두교의 신들은 그의 발에 절을 하고, 그의 가르침을 받아들여 그들도 생과 사, 그리고 환생의 고리에서 벗어나 열반에 들려는 준비를 하고 있다. 이를 보듯이 붓다는 힌두교와 자이나교, 기독교, 또는 이슬람교의 신들을 받드는 방식으로 숭배받는 신이 아니다.

하지만 일본의 정토불교처럼 붓다를 신으로 여기며 숭배하는 것과 유사한 수행을 하는 종파들이 있기는 하다. 또한 대승불교의 여러 단체들은 보살이라고 알려진 특정 인물들을 성스러운 존재로 숭배하고 참배한다. 이는 그들이 온전한 깨달음 혹은 '불성'을 얻었지만, 다른 이들에게 그 길을 가르쳐주기 위하여 이 생에 남기로 결정한 사람들이라고 믿기 때문이다. 보살들은 신이 아니지만 불성이 있고, 이것은 불교에서 가장 높은 존경과 숭배를 받는 성품이다.

Q. 붓다가 힌두교 태생임을 고려할 때, 불교가 힌두교와 다른 점은 무엇인가?

앞에서 언급한 대로 불교는 힌두교의 업보와 윤회의 핵심 개념을 받아들였다. 그러나 업보가 상쇄되고 인간이 생과 사, 그리고 환생의 고리에서 벗어나게 된 후에 정확히 어떤 일이 생기는가에서 두 종교의 차이가 발생한다. 일반적으로 말해서 힌두교에서는 사람이 윤회에서 벗어나면, 그들의 영혼(아트만)은 세계 영혼(브라만)에 다시 융합된다. 반면에 불교는 영원한 영혼이나 아트만은 없다. 대신 업보의 에너지를 통해 삶에서 삶으로 나아가는 자아가 있다. 깨달음을 얻게 되는 영적 수련을 통해 업보가 상쇄되면, 자아는 열반 또는 소멸에 들게 된다.

요약하자면 불교와 힌두교는 자아의 본질(영원한지 아닌지)과 생과 사, 그리고 환생의 고리에서 벗어난 후의 상태에 대한 차이가 있다. 또한 해탈과 깨달음을 얻는 방법도 다르다. 예를 들어 불교에서는 신께 드리는 제사나 기도가 깨달음을 얻는 데 별 역할이 없지만, 힌두교의 일부 대표 종파들에서는 그와 반대이다.

결국 불교는 힌두교처럼 지리적 기원에 뿌리를 깊이 두지 않는다. 힌두교의 종교적 발전 대부분이 인도에서 이루어졌고, 인도의 문화에 분명하게 묶여 있다. 반면에 불교의 역사적 발전은 동남아시아의 여러 지역에서 이루어졌기 때문에 불교의 주요 활동과 종파들은 여러 곳의 다른 문화를 반영한다.

Q. 불교의 주요 종파는 무엇인가?

불교의 주요 종파는 세 가지이다. 가장 오래된 종파는 소승불교로, '원로들의 교리'라는 의미이다. 소승불교는 붓다의 생애 이후 오래지 않아 발생해 스리랑카, 미얀마, 그리고 동남아시아의 여러 지역의 대표 종파가 되었다. 소승불교 신도들은 대부분 수도승과 같은 수행을 통해 개인적 열반을 추구하는 데 집중한다.

두 번째는 대승불교로, '거대한 수단'이라는 의미다. 부분적으로

불교의 일상

선 수행하기

선불교는 당나라 시대에 중국에서 발전된 종파이며, 선종은 13세기 일본에서 발전된 일본식 선불교이다. 불교의 핵심 교리를 가르치는 데 있어서는 대승불교의 사상과 수행을 따르지만, 선종은 오늘날 심리학에서 연구하는 마음에 관한 이론들에 뿌리를 두는 명상의 형태를 강조한다.

이러한 독특한 심리적 측면으로 인해 선종의 가르침은 서양의 불교신자들은 물론, 파괴적인 생각을 다스리고 삶의 평화와 행복을 얻고자 하는 다양한 사람들에게 환영을 받았다.

대중적 사상과 언어로 볼 때, '선Zen'이라는 용어는 단순하고, 고요하고, 평화롭고, 미니멀리스트적인 상태를 의미한다. 혼돈의 상태 속에서 선을 유지하는 것은 주변에 어떤 일이 일어나고 있는지 중심을 잡고, 고요한 상태로 존재하는 것이다. 선은 궁극적인 '느긋함'의 상태이다.

는 소승불교에 대응하고자 만들어졌다. 대승불교는 보살, 즉 깨달음을 얻었으나 열반으로 나아가지 않고 타인을 돕기 위해 생과 사, 그리고 환생의 고리 속에 남고자 하는 개인을 강조한다. 대승불교는 중국, 일본 등의 대표 종파다. 선종, 정토불교 같은 불교의 여러 학파와 수행들은 대승불교 내의 주요 종단들이다.

세 번째 종파는 '금강석 수단Diamond Vehicle' 또는 '벼락 수단'이라는 의미의 밀교이다. 이 종파는 원래 티베트 불교로 토착 무속적 수행과 탄트라 수행을 포함한다. 탄트라는 비밀리에 전해 내려오는 은밀한 의식, 문헌, 그리고 명상법을 강조한다.

Q. 보살은 누구 혹은 무엇인가?

대개 보살은 붓다가 되기로 결심하고 그 목표를 향한 행로를 걷는 사람이다. 그러나 대부분의 대승불교에서 말하는 보살은 이미 깨달음 또는 '불과佛果'를 얻었기에 생과 사, 그리고 환생의 고리(힌두교에서 말하는 윤회)를 벗어났고 영원히 열반(공, 극락)에 들 수 있는 사람이다. 그러나 보살은 타인들이 깨달음의 길에 이르도록 가르치고 돕기 위해 깨달음을 얻은 상태로 생과 사, 그리고 환생의 고리에 남기로 선택한 사람이다. 이것을 보살사상, 지각이 있는 모든 존재들을 향한 연민의 도학적 사상이라고 부른다.

보살은 불교 전체에서 붓다 이외에 추앙받는 존재들이다. 가장 유명한 보살은 중국의 관세음(관음으로도 불린다)이다. 이 시대의 보살로 여겨지는 인물은 현재 티베트의 달라이 라마인 텐진 갸초이다. 티베트 불교 신도들과 사람들은 그를 관세음보살에서 이어지는 영적 지도자 계보의 14대 화신이 될 것으로 믿는다.

Q. 불교 신도들이 읽는 대표 경전이나 문헌이 있는가?

불교는 많은 수의 문헌들이 수백 년에 걸쳐 작성되었다고 여긴다. 첫번째 주요 경전은 다양한 불교 종파들 대부분이 성스럽게 여기는

『삼장』이다. '삼장'이란 '3개의 광주리'란 뜻으로, 붓다의 가르침 모음과 그에 대한 해설을 3개의 광주리에 따로 담아 보관하여서 붙여진 이름이다. 이 문헌은 기원전 5세기에서 기원전 3세기 사이에 불교에 공감하는 승려, 학자, 그리고 정치적 지도자들의 세 차례에 걸친 공식 의회를 통해 편찬되었다. 또 다른 주요 문헌은 2세기에 아슈바고샤Ashvaghosha가 쓴 『불소행찬』으로, 붓다의 생애에 관한 이야기가 담겨 있다.

Q. 불교는 종교라기보다는 사상인가?

꼭 그런 것은 아니다. 어떤 사람들은 불교적인 삶의 관점을 선택하고, 그들의 삶을 행복하고 스트레스에서 해방되도록 불교의 방법으로 생각을 깨우치려고 한다. 그런 사람들에게 불교의 사상들은, 예를 들어 치료사나 상담가로부터 들었을 스토아 철학 또는 융의 사상과 비슷한 기능을 하기도 한다. 그러나 우리가 본 것처럼 불교는 사원과 수도승, 신성한 기념일과 장소, 그리고 방대한 의식과 수행법을 가진 종교이다.

Q. 불교 신도도 요가를 하는가?

그렇지는 않다. 많은 서양인들은 요가를 몸을 펴고 유연한 상태를 유지하기 위한 몸의 자세로 알고 있다. 그러나 종교적, 영적 방식의 요가는 호흡 훈련에 동반되는 신체 자세뿐만 아니라 정신적 수련도 포함한다. 탄트라 수행을 하는 것으로 알려진 일부 불교도들은 요가를 하기도 하지만, 대부분 주요 불교 종파의 수련은 힌두교에서 '좌법'이라고 부르는 신체 자세들을 강조하거나 포함하지 않는다. 요가도 그렇듯이 여러 무술 전통들은 승려들이 체력을 관리하고 정신력을 최적화시키며 명상 수련을 증대시키는 방법으로 중국 불교 사찰에서 발전되었다. 이러한 전통으로는 소림사^{Shaolin} 수도승들이 가장 유명하다.

Q. 살찐 몸에 행복한 모습의 붓다를 보여주는 불상들은 무엇인가?

'행복한 붓다' 또는 '미소 짓는 붓다'의 불상들은 중국 불교에서 매우 흔하다. 이 불상들은 역사적 정확성을 바탕으로 붓다를 표현하려고 만든 것이 아니다. 어쨌든 붓다는 오랜 기간 금식과 같은 금욕적 수행을 했다. 또한 여생 동안 자신의 육체를 건강하게 유지하여 명상을 할 수 있는 에너지와 각성도를 얻는 데 필요한 만큼만 음식을 섭취했던 영적 스승이었다. 이 살찌고 행복한 붓다는, 싯다르타를 변하게 한 '깨달음을 얻은 붓다의 본성'을 상징하는 것이다.

기본적으로 해석하자면 붓다가 지각이 있는 모든 존재에 대한 연민과 기쁨으로 '가득하다'는 것이다. 둥실둥실한 그의 몸은 무지한 집착에서 마음이 자유로울 때 일어날 수 있는 상태의 상징이므로,

불교의 일상

명상

명상은 불교에서 가장 기본적인 영적 수련으로, 보리수 아래에 앉아 명상을 하며 깨달음을 얻었던 붓다에게로 거슬러 올라간다. 불교에는 매우 다양한 명상 기법과 가르침이 있으며, 각각의 교파와 종파마다 이 핵심 수련에 대하여 선호하는 각자의 방법과 관점이 있다. 모든 신분의 불교도들은 수련과 마음의 깨달음을 얻는 방법으로 명상을 받아들인다.

붓다는 우리 인생의 고통이 대부분 깨달음을 얻지 못한 마음의 갈망에서 비롯된다고 가르쳤다. 이 갈망은 모든 것이 영원하지 않은데도 영원하기를 바라는 욕망, 모든 것은 사라지는데 영원히 지속되기를 바라는 기대를 말한다. 명상은 이러한 마음을 다스려서 깨달음을 얻지 못한 사고로 생긴 환상을 걷어내고 똑바로 볼 수 있게 만든다.

종종 특정 존재들을 시각화하는 것이 명상에 포함되기도 한다. 단순히 호흡에 집중하고 마음에서 모든 생각을 비워내는 연습으로 명상을 하기도 한다. 다시 말해 불교의 명상은 복잡한 것과 단순한 것 사이, 그리고 그 사이의 모든 지점을 다룬다.

사람들도 기쁨과 연민에 사로잡히고 가득 차게 되기도 한다. 더 구체적으로는 미소 짓는 붓다의 불상들은 종종 '부다이^{Budai}(포대화상)'라는 이름의 반^半 역사적 수도승을 모델로 삼는다. 부다이는 몸이 뚱뚱하고 쾌활하며 붓다, 혹은 깨달은 자로 공경 받게 된 인물이었다.

Q. 불교 신도가 가장 신성하게 여기는 장소는 어디인가?

불교에는 신성한, 또는 성스러운 장소들이 많다. 대부분이 역사적으로 실존했던 붓다, 특정 국가나 지역에서 공경 받는 보살들의 일대기에서 중요한 사건과 관련된 곳들이다. 인도에 위치한 몇몇 장소들은 붓다의 삶과 관련이 있어 신성하게 여겨지고, 부다가야^{Bodh Gaya}는 싯다르타가 보리수 아래에 앉아 깨달음을 얻은 장소로 보기 때문에 성스럽게 여긴다. 붓다가 첫 설법을 했던 곳은 인도의 바라나시^{Varanasi}로 알려져 있으며, 그곳에는 그 순간을 기념하는 사리탑인 사르나트^{Sarnath}가 있다. 인도 북부에 위치한 쿠시나가르^{Kushinagar}는 붓다가 사망하고 열반에 든 곳이므로 성지로 여긴다. 인도가 아닌 네팔 근처 룸비니^{Lumbini}에 있는 붓다의 출생지 역시 성지이다.

Q. 불교에는 사찰이나 신성한 건축물이 있는가?

그렇다. 그러나 국가마다 매우 다양하고, 그 건축물이 있는 곳의 문화와 공동체가 반영되어 있다. 작은 지역 또는 마을의 사찰은 대형 사찰이나 도시에 정착한 사찰과는 분위기가 다르다. 티베트의 사찰과 캄보디아의 사찰은 서로 다른 문화적 전통에서 발생했기 때문에 다르게 지어졌으며, 중국의 사찰들은 중국 역사의 황궁 양식들과 매우 유사하다.

성지들은 단순히 그 지역의 건축물을 반영하는 것이 아니라, 그 장소에서 수련되는 특정 불교 종파도 반영한다. 예를 들어 일본의 불교 사찰은 일본에서 흔한 불교의 형태, 즉 정토불교를 반영한다. 하지만 일본 외의 사찰은 이 일본식 사찰들과 유사한 경우가 없다. 또한 일본에서는 불교가 신도의 토착 전통과 섞였기 때문에, 일본의 불교 사찰은 일본 이외의 모든 불교 사찰에서는 전혀 나타나지 않는 신도의 독특한 특징들을 갖고 있다. 서양의 불교 사찰은 종종 긴 의자, 제단 레일, 찬송가나 다른 책들을 위한 선반 등이 있는 기독교 교회의 건축 특성들을 가지고 있다.

결국 불교에서 사찰은 성지 기능만을 위한 공간이 아니다. 일례로 선종은 사찰과 함께 야외 정원 공간을 대규모로 활용한다.

Q. 사리탑이란 무엇인가?

사리탑은 달걀 또는 반구형의 형태를 지닌 고대 인도의 매장 기념물이다. 불교에서는 다양한 크기의 사리탑이 종종 성지를 나타내는 종교 건축물의 기준이 되었다. 사리탑은 대개 공경을 받거나 존경을 받던 사람(예를 들면 보살)이 남긴 물건들이나 그들과 관련이 있는 유물들을 담고 있다. 사리탑에는 종종 명상이나 그곳에 관련된 인물들에게 드리는 제사의 공간이 있으며, 소박하게 또는 화려하게 장식되기도 한다. 붓다가 첫 설파를 했다고 전해지는 인도 바라나시의 사르나트 사리탑은 여러 층으로 된 높은 탑이지만, 그 디자인은 꽤 단순하다. 그와 반대로 인도네시아 보로부두르의 유명한 사리탑은 거대한 크기에 세계에서 가장 화려한 디자인을 가진 성지들 중 하나이다.

Q. 불교의 기념일은 지역에 따라 얼마나 차이가 나는가?

불교와 긴 인연이 있는 나라나 지역은 그들만의 독특한 기념일이나 축제가 있다. 다양한 불교 종파 내에서는 기념일도 다 다르다. 어떤 기념일들은 소승불교에서 더 중요하게 여겨지는 반면, 대승불교에서는 다른 날들이 더 일반적이기도 하다. 일례로 베삭은 대부분 소승불교, 그리고 티베트 불교와 몽고 불교, 그리고 일부 힌두교에서 기념한다. 이 기념일에는 수도승들이 특별한 제사를 지내고 대규모로 모인 대중들에게 설법을 전한다. 이날은 아소카 왕으로부터 시작되었으며 붓다의 삶 전체를 기념한다.

여러 나라의 대승불교도들은 '우람바나Ulambana' 혹은 '망혼일'로도 불리는 날을 기념한다. 이날에는 배고픈 귀신들로 나타나는 죽은 조상들에게 음식을 바친다.

Q. 연꽃은 무엇을 상징하는가?

연꽃은 흙탕물과 진흙에서 자라는 수련의 일종이다. 이 꽃은 하늘을 향해 생기 있게 피면서, 그 뿌리가 있는 진흙이나 흙탕물과 강렬한 대조를 이룬다. 연꽃은 붓다의 본성이 세속의 진흙투성이 한가운데에서도 아름답고 정결하게 피어난다는 의미를 상징한다. 생과 사, 그리고 환생의 고리인 윤회 속에서도, 제대로 가꾸면 연꽃이 피어날 수 있다. 깨달음도 얻을 수 있다. 불상과 탱화들은 이 개념을 강조하기 위해 종종 연꽃 위에 앉아 있는 붓다와 보살들을 보여준다.

Q. 불교도는 채식주의자인가?

그런 사람도 있고, 그렇지 않은 사람도 있다. 채식은 다양한 불교 단체들과 종파들이 다루는 가르침이라고 할 수 없다. 붓다도 채식주의였을 가능성이 적고, 채식을 분명하게 가르치지도 않았다. 그렇지만 지각이 있는 모든 존재에 대한 연민을 함양하게 하는 불교의 강한 가르침으로 인해 일부 불교도들은 채식을 한다. 동물에 대한 연민과 동물도 생과 사, 그리고 환생의 고리에 속한 존재들일 뿐만 아니라 그들 역시 고통을 느낄 수 있다는 사실 때문이다. 그래서 일부 불교도들은 동물을 죽여서 먹지 않겠다고 결심하는 것이다.

Q. 불교 신도들 중 일부는 승려와 비구니가 되기도 하는데, 이유는 무엇인가?

기독교나 힌두교 같은 타종교들과 같은 이유다. 바로 대부분 영적 추구에만 자신을 몰입시키기 위해서 승려와 비구니가 된다. 보통의 일상생활에는 생계를 꾸리고, 아이들을 돌보고, 연로하신 부모님이나 친척들을 살피고, 결혼의 의무를 지키며, 삶의 평범한 일들을 해내는 등 모든 종류의 일상적 책무들이 담겨 있다. 이렇게 일상생활에는 종종 영적인 종류를 포함한 개인적 수행을 할 여유가 많지 않다. 그래서 일부 종교들은 사람들이 일상의 생활에서 벗어나, 그러한 책무들을 버리고, 각자가 선택한 영적 행로에 맞춰 새로운 서약을 하며, 그와 같은 과정을 거쳤던 다른 이들과 함께 생활하는 대안적 삶의 방식을 제시하기도 한다.

불교의 승려들과 비구니들은 종종 세속적 추구를 포기하는 금욕의 일종으로 간소한 옷을 입고 삭발을 한다. 의복의 색상은 나라마다 다른데, 특정 불교의 가르침보다는 그 지역에서 선호하는 염색과 전통을 반영한다. 승려와 비구니의 삭발한 머리는 대중적인 미의 기준과 외모에 집착하는 것에 대한 금욕을 보여준다.

불교의 승려와 비구니는 기도, 명상, 공부, 그리고 공동체를 지지하여 마음에 새기는 일을 하며 시간을 보낸다.

다른 주요 종교들과의 관계

불교가 세계적으로 전파된 것은 적어도 부분적으로, 불교가 정착한 문화와 상황에 맞춰 적응했기 때문이다. 따라서 불교와 타 종교들과의 깊은 연관성이 표면적으로는 서로 매우 다른 것처럼 보일 수도 있다. 사례 연구적으로 볼 때, 불교는 종교가 그 가르침과 수행의 핵심적인 부분들을 보존하면서 살아남기 위해 스스로를 적응하고 조정하며 보완하는 방법을 보여주는 완벽한 예이다.

● 힌두교는 불교를 인도 종교의 중요한 일부로서 존중한다. 붓다를 우주의 질서를 다스리는 힌두교의 위대한 신, 비슈누의 환생들 중 하나로 보기도 한다. 20세기 힌두교의 스승이자 활동가였던 간디는, 붓다를 그 시대의 힌두교에 가치 있는 비평을 제시했던 깨달음을 얻은 스승이라고 말했다.

● 유대교인이나 기독교인, 특히 자신의 종교가 가진 신비함이나 명상적
요소에 끌린 사람들은 불교의 특정 명상 수련법들을 자신의 기도 관행
에 더하기도 한다. 불교도의 명상법이 관세음 또는 붓다를 향한 것인
반면, 유대교도와 기독교도의 명상은 하나님 또는 예수 그리스도를 향
한 것이다.

● 도교, 유교와 마찬가지로 불교도 궁극적으로 깨달음을 가져오는 바른
수련에 관심이 있다. 이것은 신조와 교리에 나타난 바른 믿음에 주로
관심을 가지는 서양의 신앙과 대조적이다.

● 기독교, 이슬람교, 도교, 그리고 힌두교를 포함한 다른 여러 종교들처
럼 불교도 마찬가지였다. 한 지역이나 국가에서 전파되고 번창하려면
해당 지역의 정치적 현실에 영향을 받아야 했다.

CHAPTER 5

기독교

기독교는 신도의 수가 20억 명이 넘는, 세계에서 가장 큰 종교이다. 약 2000년의 체계화된 역사와 함께 수백 년 동안 세계적인 종교의 자리를 지켜왔다. 기독교의 선지자적 창시자는 북부 이스라엘 나사렛이라는 작은 마을 출신으로, 그 지역을 다니며 설교하던 예수라는 이름의 유대인 랍비였다. 그는 기적을 행하고 사람들을 치유하며 쉬운 이야기와 우화를 통해 대규모로 가르침을 전하던 인물이다. 예수는 그를 메시아로 믿게 된 제자들과 추종자들을 모아 그의 가르침을 따르는 움직임을 형성했다.

이러한 움직임은 로마 제국 전체로 퍼져나갔고 결국에는 제국에 채택되었다. 그리고 전 세계로 번지기 시작했다. 예수와 그의 많은 제자들, 그리고 초기 추종자들이 유대인이었기 때문에, 기독교는 유대교의 일부 핵심 개념들을 담고 있다. 그러나 기독교는 그 모체 종교인 유대교와는 상당히 다르다.

기독교의 영향력에 대하여 아무리 말해도 지나치지 않은 이유는 실제로 이 종교가 세계 역사상 가장 큰 종교이며, 거대한 문화적 영향력을 행사해온 수많은 제국과 국가들의 종교이기 때문이다. 장구한 역사와 범세계적인 영향력을 가진 다른 종교들과 마찬가지로, 기독교는 수많은 교파와 하위 종파들에 퍼져 있는 활동과 신앙이 복합적인 방식으로 얽혀 있다.

주요 사항

발생 시기: 1세기

신도 수: 약 23억 명

전 세계 인구 대비 신도 비율: 약 32퍼센트

주요 지역: 초기에는 서양의 북반구(즉 유럽, 중동과 아시아 일부, 북아메리카)였으나, 점차 그 중심이 아프리카와 라틴아메리카 일부의 남반구로 이동

최대 교파 / 종파: 가톨릭 기독교(모든 기독교도들의 절반가량이 자신을 가톨릭이라고 여긴다)

주요 경전: 『기독교 성경』 또는 『성경』

대표 상징: 십자가(118쪽 참고) 또는 십자가상

주요 역사

33년(대략)	예수의 죽음
64년	예수를 전하는 영향력 있는 추종자였던 사도 바울의 죽음
272 - 337년	기독교를 제국의 합법적 종교로 지지했던 로마 콘스탄티누스 1세 황제의 생애
354 - 430년	큰 영향력을 발휘하던 초기 신학자이자 지도자인 아우구스티누스의 생애. 그의 사상이 오늘날의 기독교를 형성한다.
325년	니케아 평의회(오늘날 터키의 이즈니크). 콘스탄티누스 황제가 교리의 문제, 특히 예수의 인성과 신성에 관련된 사안을 결정하기 위해 소집한 기독교 지도부들의 주요 회의로, 삼위일체설도 여기서 추가로 제정된다.
367년	아타나시우스Athanasius가 「부활절 서신Easter Letter」을 작성한다. 그는 인정받은 기독교 경전 목록을 이 서신에 기록한다. 많은 학자들이 기독교 성경의 내용이 확립된 시기를 결정할 때 이 서신을 참고한다.
5 - 6세기	후에 교황의 권한으로 불리는 로마 주교 관할권의 중요성이 대두된다.
1054년	다양한 신학적 쟁점들을 두고 동쪽(정통파)과 서쪽(가톨릭) 교회의 분열이 일어난다.
1225 - 1274년	매우 영향력이 있던 가톨릭 신학자 토마스 아퀴나스의 생애.
1483 - 1546년	매우 영향력 있던 독일 가톨릭 수사인 마틴 루터의 생애. 교회에 대한 그의 비판으로 종교개혁과 루터교의 창시가 촉발된다.
1509 - 1564년	프랑스 신학자이자 개혁가인 장 칼뱅의 생애. 종교개혁으로 이룬 신학을 처음으로 체계적으로 정리한 글의 일부를 칼뱅이 저술한다.
1530년	헨리 8세가 가톨릭교회와 분리된 영국 교회의 자치권을 확립한다. 영국 국교회주의가 생기면서 종교개혁의 일부가 된다.
16 - 20세기	침례교, 장로교, 조합 교회주의, 루터교, 감리교, 그리고 펜타코스트 파와 그 모든 하위 종파들을 포함한 거의 모든 개신교파들이 만들어진다.

기독교 기념일

크리스마스 Christmas

12월 25일

전통적으로 예수의 탄생을 축하하는 겨울 축제이다. 사람들은 선물을 나누고, 마리아와 아기 예수, 그리고 성경의 탄생 이야기에 등장하는 인물들이 그려진 그리스도 성탄화와 전등으로 장식한다. 전등과 촛불, 겨울 화초, 그리고 크리스마스트리로 집안을 장식하기도 한다. 이 축제에는 산타클로스도 등장한다. 산타클로스는 붉은 옷을 입고 아이들에게 선물을 가져다주는 흰 수염의 쾌활한 남성으로, 그의 역사는 3세기 그리스의 성인으로 거슬러 올라간다.

주현절 Epiphany

1월 6일

'세 명의 동방 박사의 날'로도 알려진 날이다. 정교회 교도들에게는 예수가 세례를 받은 날을 기념하는 날이고, 다른 기독교도들에게는 박사들이 아기 예수를 방문한 날을 기념하는 축제이다. 아르메니아 교회 신도들처럼 일부는 이때 크리스마스를 축하하기도 한다.

사순절 Lent

2월부터 4월

부활절을 앞두고 40일간 속죄와 금욕을 하는 행사이다. 정교회의 종파들은 어떻게 계산하느냐에 따라 대개 더 길게 지속하기도 하며, 하루에 한 끼만을 먹는 금식을 포함시키기도 한다.

부활절 Easter

3월 또는 4월

예수의 죽음과 부활을 기념하는 봄 행사이다. 예배에 참석하고, 음식을 나누고, 어른들은 부활절 달걀을 숨겨놓고 아이들에게 찾게 한다. 달걀, 토끼 등의 상징은 그리스도 이전의 봄 축제들과 부활절이 일치하는 것을 보여주는 것으로, 겨울이 끝나고 찾아온 새로운 생명과 부활을 기념한다.

기독교 QnA

Q. '기독교'라고 부르는 이유는 무엇인가? '그리스도'는 무슨 뜻인가?

그리스도^{Christ}는 '크리스토스^{christos}'라는 단어에서 생긴 것으로, '메시아'를 의미하는 히브리 단어의 그리스어이다. 따라서 '그리스도'는 예수의 성이 아니라, 그가 1세기에 많은 유대교도들이 기대하고 바라던 메시아라고 믿던 사람들이 예수를 부르던 칭호이다. 그 당시 다가올 메시아에 대한 지배적 시각은 예수가 그리스와 로마의 지배에서 유대인들을 이끌어줄, 또는 구해줄 정치적 인물일 것이라는 것이었다. 예수는 이 조건에 맞지 않았으므로, 그가 메시아라는 주장은 논쟁을 불러일으켰다. 궁극적으로는 기독교^{Christianity}가 메시아로서의 예수가 제시했던 '구원'의 정확한 의미를 완전히 새롭게 발전시켰다고 할 수 있다.

Q. 예수는 누구인가?

예수는 1세기에 지금의 이스라엘 지역에서 살았던 유대인 남성이다. 그의 삶에 대해 명확하게 알려진 것은 많지 않지만, 성경의 역사는 그가 베들레헴에서 태어나 나사렛에서 자랐다고 기록하고 있으며, 베들레헴과 나사렛은 중부와 북부 이스라엘의 작은 마을이다. 기독교도의 믿음에 따르면 그의 탄생은 기적이었는데, 그의 어머니인 마리아가 신의 뜻에 의해 처녀인 몸으로 임신을 했기 때문이다. 성인이 되어 예수는 치유자, 선생, 그리고 기적을 행하는 자로 그의 사역을 시작했다. 예수는 약 3년에 걸쳐 열두 제자들과 함께 현재의 이스라엘 지역을 다녔고, 시간이 갈수록 더 많은 추종자들이 생겨났다.

예수의 메시지는 서로 다른 이유로 인해 그 당시 유대인과 로마인들의 권위에 위협이 되었다. 로마인들은 자신들의 제국과 그 통치자들에게 충분한 존경을 하지 않는 사람은 누구든, 특히 무리를 모으는 사람일 경우는 의심스럽게 여겼다. 또한 유대인들은 자신들의 공동체에서 나온 사람이 원치 않는 관심을 끌고 그로 인해 소수 종교집단으로 박해를 받게 될까 두려워했다. 예수는 로마인들에 의해 십자가에 처형당하고 무덤에 묻혔다. 그리고 3일 후, 기독교도들의 믿음에 따르면 죽은 자 가운데에서 살아났다. 곧 하늘로 오르면서, '복음' 또는 '좋은 소식'으로 불리는 구원의 가르침을 온 세상에 전하는 법을 제자들에게 남겼다.

Q. 기독교에서 하나님은 오직 하나일 뿐이라면서, 예수 역시 신이라고 믿는 이유는 무엇인가?

기독교도들은 하나의 하나님이 삼위일체, 즉 성부God the Father, 성자God the Son(예수), 그리고 성령God the Holy Spirit의 세 위격으로 존재한다는 교리를 믿는다. 삼위일체 개념은 기독교가 모체 종교인 유대교 및 이슬람교와 다른 중요한 차이점 중 하나이다. 유대교 및 이슬람교도 다른 그 어떤 신도 부정하고 오직 고대 히브리 제사장인 아브라함의 하나님만을 섬기는 확고한 유일신주의지만, 하나님에게 아들이나 대체 인물 또는 성령과 같은 대체 존재가 있을 수 있음은 부정한다.

삼위일체론은 기독교 신앙 내에서도 가장 많이 이의가 제기되는 교리 중 하나이기도 하다. 기독교 신앙 초기에 종교 지도자들은 예수와 그가 말하는 성령의 신성함을 확언함과 동시에 하나님의 유일함도 주장하기 위해, 많은 시간을 들여 공식 의회와 회의를 하며 이 교리에 대한 신학적 결론을 내리려고 애를 썼다. 삼위일체론에 집중했던 가장 유명한 협의회는 325년에 있었던 니케아 평의회로, 로마의 콘스탄티누스 황제가 소집한 것이다. 니케아 평의회에서 채택한 교리는 종종 기독교 신앙과 그 종교가 가르치는 것의 기본적, 기초 진술로 여겨지곤 한다. 더 이전에는 사도신경Apostle's Creed이라고 불리는 교리가 있었다. 두 교리 진술들은 기독교의 다양한 교파들에서 지금도 여전히 사용되고 있다.

Q. 기독교의 주요 경전은 무엇인가?

기독교의 주요 경전은 『기독교 성경(또는 『성경』)』이다. 여기에는 기독교도가 『구약』이라고 부르는 유대교 경전들(토라, 예언서, 성문서)과 『신약』이라 부르는 문헌 모음이 함께 담겨 있다. 일반적으로 '성경'은 개신교 성경의 표준역 성서를 일컫는 용어로, 가톨릭과 정교회에서 사용하는 문헌과는 약간의 차이가 있다.

가톨릭 성경은 '숨겨진 문헌'이라는 의미의 『외경Apocrypha』이라는 문헌 모음을 포함하고 있으며, 이것은 서기 5세기에 성경이 라틴어로 번역되던 시기에 만들어졌다. 『외경』은 유대교 율법 경전이나 1500년 대 종교개혁 이후에 만들어진 개신교 성경에는 포함되지 않는다.

가장 유명한 성경본은 1611년에 만들어진 킹 제임스 버전King James Version, KJV으로, 엘리자베스 시대에 수십 명의 학자들이 모여 함께 영어로 옮긴 번역본이다. 킹 제임스 버전은 20세기까지 성경의 대표 영문 번역본이었다. 요즘 문학 학자들이나 학생들이 소설가나 시인의 산문을 묘사하면서 '성서적'이라는 단어를 사용할 때는, 킹 제임스 버전 성경의 문체를 뜻하는 것이다.

Q. 예수의 생전에 그를 따라다니던 제자들은 어떻게 되었는가?

성서 기록에 따르면 제자들 중 하나인 유다 가룟이 예수가 잡혀서 십자가에 처형당하기 직전에 그를 배신했고, 그 후 얼마 지나지 않아 스스로 목숨을 끊었다. 성서 속 이야기와 초기 기독교 전통의 이야기에 따르면, 다른 제자들은 현재의 이스라엘부터 성서에서는 소아시아라고 부르는 터키, 북아프리카, 현재의 러시아와 아르메니아 지역인 동아시아 일부, 그리고 현재의 이란과 이라크, 그리고 아라비아반도까지 선교사로 퍼져나갔다. 이 중에서 많은 지역들이 로마 제국의 일부였거나 오랜 세월에 걸쳐 다져진 무역로였기에, 비교적 용이하게 육로나 해로를 통해 먼 지역들로 여행하는 것이 가능했다.

예수의 원 제자들 중 다수가 그들의 믿음으로 인해 죽임을 당했고 신도이기에 순교자가 되었다. 일부는 자신이 기독교의 기초를 세우는 도구가 되어 기독교 공동체 내에서 생을 마감한 것 같다. 일례로 요한John은 지금의 터키 남서부 해안 인근 도시인 에베소Ephesus와 그 인근에서 긴 생을 살았다고 전해진다. 요한은 베드로와 야고보와 함께 예수의 핵심 제자로 알려진 인물이다. 베드로는 66년에 로마 네로 황제에 의해 십자가에 처형당했다고 일부 기록들에 남아 있다. 성서 기록에 야고보는 헤롯 왕에게 죽임을 당했는데, 믿음으로 인해 죽임을 당한 첫 번째 제자로 칼에 찔려 죽었다고 기록되어 있다.

Q. 기독교는 어떻게 전파되었는가?

기독교는 주로 선교사들을 통해, 그리고 강한 제국이나 국가의 지지에 의해 전파되었다. 성서의 기록에 따르면 예수는 그의 제자들과 추종자들에게 그의 메시지를 온 세상에 전하라고 가르쳤다. 역사적 기록을 보면 그의 제자들과 추종자들은 그 지시를 정확하게 따랐다. 기독교도들은 기독교 전체의 존속을 위한 다양한 방법의 복음주의를 통해 그들의 믿음이 전하는 메시지를 계속 전파하고 있다.

또한 불교와 이슬람교, 그리고 다른 종교들의 경우와 마찬가지로, 기독교도 역사상 다수의 상황에서 강력한 정치적 세력들의 후원을 누렸다. 로마 제국, 비잔틴 제국, 대영제국, 러시아 제국, 합스부르크 왕조, 그리고 스페인과 포르투갈이 강한 정치적·식민지적 힘을 가졌던 동안 모두 기독교를 옹호했다. 기독교는 이러한 제국들이 통치하던 모든 지역에서 호감을 얻은 종교였다. 따라서 이 종교의 신도들은 그들의 믿음을 키우고, 넓히고, 세우는 데 어떠한 현실적 압박도 당하지 않았다. 결국 기독교도가 자녀와 손자들을 낳고 모두가 그 믿음 안에서 성장하면서, 기독교는 자연적으로 번성하게 되었다.

Q. 예수 자신이 유대교인이었는데, 기독교가 유대교와 다른 이유는 무엇인가?

근본적인 차이는 예수라는 사람 자체와 관련이 있다. 기독교는 예수를 분명한 메시아로, 그리고 신으로 여긴다. 하지만 유대교는 절대 인정하지 않는다. 이것 외에도 예수의 가르침은 올바른 유대교 율법과 사회적 관례의 준수 문제에 대하여 그 당시 유대교에 이의를 제기했다. 성서의 기록에는 예수가 안식일에 대한 규율들을 어기고 나병환자들처럼 유대교 율법이 '정결하지 않다' 여기던 사람들과 함께 먹고 교제하는 이유에 대하여 질문을 받았다고 나온다.

예수와 모세의 죽음에 대한 기독교의 이해도 유대교와 단절된 또 다른 주요 원인이다. 전통적 기독교에서는 예수의 죽음을 단순한 비극이 아닌 모든 인류의 죄를 구원 또는 '속죄'하는 희생적 죽음으로 본다. 본질적으로 예수의 죽음(과 그의 피)은 유대교도들이 역사적으

기독교의 일상

주일 예배

많은 기독교도들이 적어도 일주일에 한 번씩 다른 기독교도들과 함께 집단 예배에 참석하는 것으로 그들의 신앙을 지킨다. 많은 기독교 집단들이 일요일을 예배의 날로 지킨다. 가톨릭교회들이 미사라 부르는 예배를 토요일 밤에 드리고 다른 종교들이 주중 내내 예배를 드리는 반면, 대부분의 기독교도들은 일요일을 안식일로 여긴다. 서양의 많은 지역들에서는 불과 몇십 년 전까지만 해도 상점이나 식당, 그밖에 소매점들이 일요일에 문을 닫았다. 미국 일부 지역들에서는 청교도적 법률에 따라 일요일에는 술 등의 특정 품목의 판매를 금지시키거나 판매 가능 시간을 제한했다. 일부 주들은 여전히 일요일에 주류 판매를 제한하는데, 명백하게 안식일 때문이 아니라 그러한 법률들에 남아 있는 일부 역사적 관습들 때문이다.

로 성전에서 제사를 드리던 시기에 희생 제물로 바치는 동물의 죽음(과 그들의 피)과 비슷한 방식으로, 모든 인류를 위해 작용한다고 할 수 있다.

유대교가 성전에서 제사를 드리던 시절, 사람들은 자신을 위해 대신 희생해 하나님께 제물로 바쳐질 동물을 제사장에게 가져왔고, 희생된 동물의 피는 종종 구원 또는 속죄로 여겨졌다. 이 기본적인 개념이 기독교에서 예수의 죽음과 그의 피에 적용된 것이다. 예수가 인간인 동시에 신이기도 하다는 사실로 인해, 그의 죽음은 구원과 속죄의 힘을 부여받았다. 그러나 유대교는 예수를 신으로 인정하지 않는다.

Q. 왜 기독교도들은 유대교도들이 지키는 코셔 식품 규정을 지키지 않는가?

예수의 사망 이후 유대교도들의 식품 규정(2장 유대교 참고)에 따른 식생활 문제는, 그리스와 로마의 신들에게 바쳤던 동물의 고기를 먹는 것과 마찬가지로 기독교 공동체의 수많은 지도자들이 상의하고 논의했던 큰 주제였다.

성서의 기록에는 예수를 따르던 베드로와 바울이 이 문제로 때때로 언쟁을 벌이기도 했다고 나온다. 베드로는 그의 유대교적 신앙에서 부정하다고 여겼던 동물들을 하나님께서 먹으라고 명하시는 환상을 보았다. 바울은 신학적으로 예수의 부활과 죽음으로 인해 유대교 율법을 지켜야 할 필요가 없어졌기 때문에, 기독교도는 로마나 그리스의 신들에게 바쳤던 고기나 전통적인 유대 식품 규정에서 벗어나는 음식을 먹어도 된다고 허락받았다고 믿었다.

나중에 기독교적 관점으로 인정받게 된 바울의 견해에 따르면, 예수의 죽음으로 인해 인간은 절대로 하나님을 온전하게 기쁘게 해드릴 수 없고, 유대교 율법을 따르는 것으로는 구원을 얻을 수 없음이 밝혀졌다. 오직 하나님의 은혜를 통해서만, 그리고 하나님이 죄에서 사람을 얻게 하기 위해 아들을 보내서 죽게 하심으로, 인간은 구원을 받을 수 있게 된 것이다.

그렇게 약 2세기부터 대부분의 기독교도들은 식품 규정들을 중요하게 여기지 않게 되었다.

Q. 예수의 죽음은 '구원을 위한' 죽음이라고 말한다. 기독교도는 이것을 어떻게 인정하거나 실천하는가?

예수의 죽음과 부활을 기념하는 부활절을 축하하는 것은 물론, 대부분 기독교도들은 와인(또는 포도 주스)과 빵을 먹는 의식을 통해 예수의 죽음에 영광을 돌린다. 성서적 설명에 따르면 예수가 체포되고 십자가에 못 박히기 전 제자들과 최후의 만찬을 나누었다. 그러던 중 예수는 와인과 빵을 떼어 제자들에게 나눠주며, 그것이 그들을 위해 찢긴 자신의 피와 살이니 마시고 먹으라고 제자들에게 명했다. 대부분의 기독교도들은 이 일화를 예수가 곧 겪게 될 희생적 죽음을 의미하는 것으로 이해한다.

일부 개신교뿐만 아니라 가톨릭과 정교회 성찬식에도 이 최후의 만찬과 예수의 희생적 죽음을 재연하는 의미로 와인을 마시고 빵을 먹는 의식이 포함된다. 다른 개신교파들도 비슷한 방식으로 예수의 죽음을 기념한다. 하지만 매주 의식을 포함시키는 가톨릭과는 반대로, 한 달 혹은 한 분기에 한 번 정도로 하기 때문에 그렇게 자주 성찬식을 치르지는 않는다.

또한 이 성찬식을 치를 때 쓰이는 빵과 와인의 역할에 대해서도 많은 개신교파들이 가톨릭과 정교회 종파들과 차이를 보인다. 예를 들어 가톨릭교회는 빵과 와인이 영적인 힘에 의해 예수의 살과 피로 변하면서 본질적으로 변화가 일어나는 '성변화'라는 교리를 가르친다. 대부분의 개신교는 빵과 와인은 그저 상징일 뿐이며 본질은 변하지 않는다고 가르친다.

Q. 일부 기독교도들이 십자가나 십자가상을 목걸이로 걸거나 벽에 거는 이유는 무엇인가?

대부분의 기독교도들은 예수가 십자가에서 처형당한 것을 인류 역사의 본질적 의미를 규정하는 사건으로 기념한다. 개신교도들은 예수의 죽음을 소박한 십자가로 기념한다. 반면에 가톨릭과 정교회 교도들은 십자가상, 즉 손과 발이 십자가에 달린 예수의 작은 입상立像 형태(정교회의 경우에는 그림)를 사용한다.

이 차이는 근본적으로 예배의 맥락에서 입상을 보는 개신교의 관점에서 비롯된 것이다. 개신교는 일반적으로 기독교 예배에서 입상의 사용을 거부하며, 그것을 우상으로 보는 경향이 있다. 가톨릭과 정교회와 같은 이전의 기독교 형태에는 이런 관점이 없다. 그래서 예수의 형상이나 그림이 위에 얹어진 십자가 형태가 가톨릭과 정교회에서는 허용되지만, 개신교에서는 거부하는 것이다. 대부분의 기독교도들은 아무것도 없는 단순한 십자가를 허용한다.

Q. 가톨릭 신도와 개신교 신도의 차이는 무엇인가?

가톨릭교는 가장 오래된 기독교 방식 중 하나로, 로마 주교의 권위와 지도력에 맞춰져 있으며, 이 로마 주교는 5세기와 6세기 초부터 교황으로 불리게 되었다. 가톨릭교회는 교황 아래로 권위의 단계에 따라 배열된 주교, 신부, 그리고 그 외의 위계적 조직으로 구성된다. 가톨릭 예배에는 신부의 주도로 성구 모음을 읽는 기도, 읽기, 독경, 성가 등의 순서를 따르는 예배예식과 침례, 성체 성사, 혼인 성사 등과 같은 특정 의식들을 신의 권능에 돌리는 성례가 있다.

개신교는 가톨릭교회와 그 지도력에서 비롯된 남용과 과오에 대한 반발로 15세기와 16세기에 시작되었다. 독일 수사 마틴 루터가 가톨릭교회에 대한 불만 목록을 비텐베르크 교회 정문에 붙여놓은 사건은 매우 유명하다. 그가 쓴 「95개조의 반박문」은 종교개혁의 기폭제가 되었다.

개신교의 교파들은 덜 계급적인 형태의 조직으로 종종 지역이나 현지 신도들에게 그들의 문제를 처리하도록 위임한다. 각각의 신도들에게는 그보다 더 큰 자율권이 보장되어, 자신이 선호하는 대로 성경을 해석하고 예배를 드릴 수 있다. 개신교 신학 체계는 군주제에서 대의정치로 통치되는 민족국가 체제로 바꾼 정치운동과 함께 발달되었다. 가톨릭교가 그 시대 군주제의 계급구조를 고스란히 반영하는 것처럼, 개신교는 그 시대의 민주적 계급을 반영한다.

Q. 정교회 교도는 누구인가?

정교회는 동방 정교회라고도 불리며, 로마 제국이 서쪽과 동쪽으로 나뉜 4세기 후반부터 이 이름을 사용했다. 서쪽 제국의 문화는 라틴계를, 동쪽 제국은 그리스나 헬레니즘의 성격을 담고 있었다. 서쪽 제국이 서고트족의 공격에 의해 서서히 사라진 반면, 동쪽 제국은 비잔틴 제국으로 바뀌어 여러 세기 동안 그대로 유지되었다.

　　서쪽과 동쪽의 기독교 공동체들은 1054년에 완전히 분리될 때까지, 서양의 기독교도들이 교황이라 부르는 로마 주교의 권한을 포함한 다양한 신학적 논제들에 대하여 서로 다른 입장들을 발전시켰다. 서쪽 제국의 기독교 방식은 로마 가톨릭 교회로, 동쪽의 방식은 정교회로 알려졌다. 두 방식 모두 성직 정치의 위계 계급적 통치 체계를 따른다. 정교회는 중동, 러시아, 그리스, 터키, 동부 유럽, 그리고 일부 북아프리카(특히 이집트) 대부분에서 기독교의 대표적 방식으로 자리 잡았다.

Q. '성례' 또는 '성찬을 베푸는' 기독교 예배란 정확히 무엇인가?

기독교 신학에서 성례란 신을 직접 경험하거나 신의 은혜를 직접 전하는 의식 또는 신성한 행사이다. 그러므로 성례는 인간과 신이 연결되는 창 또는 통로이다. 가톨릭과 정교회의 전통에서 영국 성공회교나 루터교와 같이 가장 오래된 소수의 개신교 전통과 마찬가지로, 가장 많이 지켜지는 성례는 세례와 예수의 몸과 피에 연결된 빵과 와인을 먹는 의식인 성체 성사이다. 세례의 확인으로 예수를 그리스도로 고백하는 견진 성사 역시 일부 개신교뿐만 아니라 가톨릭과 정교회 공동체들이 전통적으로 행했던 성례들 중 하나이다.

혼인, 사제 서품, 고백 성사, 병자 성사에 세례와 성체 성사, 그리고 견진 성사가 더해져 교회의 전통적인 7대 성례를 구성한다. 대부분의 개신교 교파들도 세례와 성찬 의식(영성체라고도 불린다)의 일부, 혼인, 목사 안수식, 그리고 기타 의식들을 드린다. 하지만 개신교도는 일부 예외도 있으나 성례를 직접적이고 신이 주시는 은혜나 능력이라고 여기지 않기 때문에, 이러한 의식들을 성례로 여기지 않는다.

Q. 모든 기독교 단체들에는 사제가 있나?

반드시 그런 것은 아니다. '사제'는 정교회, 가톨릭교회, 또는 영국 성공회 교파들이 성직자들을 부르기 위해 사용하던 명칭이다. 대부분 개신교에서는 성직자를 사제가 아닌 '목사' 또는 '전도사'로 부른다.

'집사'는 기독교의 다른 교파들이 여러 분야에서 쓰는 호칭이다. 가톨릭과 정교회, 그리고 영국 성공회의 집사는 사제가 주관할 수 있는 의례의 역할 중 한 종류를 수행할 수 있도록 임명 받은 전문적인 성직자를 뜻한다. 개신교의 집사는 임명을 받아야 되기는 하지만, 반드시 받아야 할 필요는 없다. 지역 교회를 이끌고 관리하는 이사회 또는 원로원에 더 가까운 역할이다.

Q. 기독교는 내세에 대하여 어떻게 가르치는가?

기독교는 일반적으로 현생에서의 믿음에 따라 축복 또는 고통의 내세가 있다고 단언한다. 기독교에서 천국 또는 지옥에서 받는 영생의 상과 벌에 대한 역사는 매우 복잡하고 길다. 일부 집단에서는 여러 가지 이유로 지옥에서 받는 영원한 벌을 중요하게 여기지 않는다. 전반적으로 대부분 기독교도들은 천국 또는 하나님과 그리스도가 존재하는 곳에서 내세를 누릴 것을 믿거나 기대한다. 또한 먼저 사망한 사랑하는 이들이 하나님이 계신 곳에 있다고 믿는다.

Q. 성탄절 이외에 기독교의 주요 기념일은 어떤 것이 있는가?

부활절은 기독교에서 가장 오래되고 가장 중요한 기념일로, 거의 모든 기독교도들이 부활절을 기린다. 성탄절이 예수의 탄생을 축하하는 날이라면, 부활절은 예수가 죽은 자들 가운데서 다시 살아난 것을 기념한다. 많은 기독교도들이 강림절이라 부르는 예수의 출생 전 기간뿐만 아니라, 그의 죽음 전 기간인 사순절 또는 사순절 주간도 기념한다.

이 밖에도 앞에서 언급한 주간들 사이에 중요하게 여기는 경건한 날들이 여럿 있다. 예를 들면 성 금요일은 부활절 일요일에 예수가 부활하기 전 십자가에서 처형당한 날이다. 재의 수요일은 사순절의 첫 번째 날로, 부활절까지의 6주가 시작되는 날이다. 또 1월 6일에 축하하는 예수 공현 축일은 대부분의 기독교도들이 아기 예수를 찾아간 동방 박사들에 대한 성서의 이야기를 기념하는 날이다.

Q. 예수 이외에 기독교에서 가장 중요하게 여기는 인물은 누구인가?

대부분의 학자들이 기독교 믿음의 역사에서 예수 다음으로 가장 중요한 사람은, 예수의 메시지와 실천으로 일찍 전향했던 사도 바울이라고 말한다. 사도 바울은 예수의 초기 제자들보다 훨씬 많은 신학적·행정적 난제들을 해결하여, 예수의 활동을 정립시켰다. 또 그로 인해 초기 기독교 공동체들이 당했던 박해와 고난들을 견딜 수 있도록 도왔다. 그렇기 때문에 바울이 기독교 신앙의 창시자라고 말하는 사람들도 있다.

바울은 예수와 함께 동행했던 12제자들 중 한 명은 아니었다. 사실 바울은 예수를 직접 만났던 적도 없다. 대신 바울은 예수와의 신비로운 조우를 경험하면서 예수가 메시아임을 믿게 되었다. 그리고 유대교 지도자이자 선생의 신분으로 받았던 훈련을 사용하여 예수의 죽음을 해석하고, 유대인뿐만 아니라 젠타일(Gentiles, 비유대인 또는 이방인-옮긴이)에게도 복음을 전했다. 바울의 선교 여행은 기독교의 신앙이 전파된 첫 번째 주요 사건들 중 하나였다. 또한 바울이 고린도(현재의 코린트-옮긴이), 에베소, 로마, 갈라디아(현재의 갈라티아-옮긴이), 그리고 그 외의 지역에 있는 기독교 공동체들에게 보낸 서신들은 『신약』의 3분의 2를 차지하고 있다.

Q. 가스펠이란 무엇인가?

'가스펠'이라는 용어는 그리스어 '에왕겔리온euangelion(또는 라틴어 에반겔리움evangelium)'을 영어로 옮긴 것으로, '복음'이라는 뜻이다. 기독교에서 복음이라는 단어는 분명한 두 가지를 말한다. 첫째는 예수가 전한 일반적인 '복음'뿐만 아니라, 기독교도들이 예수가 인류를 위해 죽음과 부활로 완성했다고 믿는 '복음'을 의미한다.

두 번째, 복음이라는 단어는 신약의 첫 네 권인 「마태복음」「마가복음」「누가복음」「요한복음」의 문학 장르를 설명할 때 사용된다. 네 권의 복음서들은 예수 제자들의 이름을 따서 지은 것으로, 예수의 생애와 사역을 자세하게 전하는 주요 문헌들이다. 다른 복음서들도 1세기 이후부터 예수에 대하여 기록했지만, 여러 가지 이유로 인해

『신약』에 포함되지 않았다.

Q. 성령에 대해 언급했는데, 이것은 무엇이고 또 누구인가?

성령은 기독교 신학에서 삼위일체의 세 번째 위격으로, 신의 존재로 본다. 성령은 '보혜사'라고도 하며, 예수가 그의 제자들에게 자신이 떠난 후에 보혜사 또는 성령을 보내어 그들과 함께하고 인도하게 하겠다고 말한 복음의 구절에 언급되어 있다. 『신약』의 「사도행전」에는 제자들에게 오실 성령이 언급되어 있으며, 이 사건은 많은 기독교 전통에서 '성령강림절'이라는 이름으로 기념하고 있다. 일부 학자들은 기독교에서 말하는 성령의 기원이 유대교 경전에 언급된 창조의 순간에도 있었으며, 신성한 지혜로 가는 안내자인 하나님의 영혼에서 유래되었다고 본다.

Q. 기독교도는 모든 유대교 경전들을 따르는가?

대체적으로는 그렇다. 유대교에서 토라와 예언서, 그리고 성문서로 일컫는 경전들이 기독교에서는 『구약』이라 부르는 부분이다. 기독교 성경 초반의 주요 부분을 이룬다. 그러나 유대교는 유대교의 경전들에 대한 랍비들의 해설집인 『탈무드』도 섬긴다. 반면에 기독교도들은 유대교도들처럼 『탈무드』를 섬기지는 않는다.

Q. 성인들과 천사들의 조각상들을 본 적이 있는데, 그들은 누구인가?

기독교도들은 천사들을 하나님이 계시는 왕국을 비롯하여, 하늘의 왕국에 거주하는 초자연적 존재들로 본다. 기독교 구전에 따르면 사탄도 하나님을 거역했던 천사였다. 하지만 기독교도들은 천사를 일반적으로 하나님이 보내신 전달자, 수호자, 또는 조력자와 같은 긍정적인 의미로 생각하는 경향이 있다. 가브리엘 천사는 예수의 탄생 장면에 주로 등장한다. 또한 세상의 종말과 최후의 심판을 알려주는 『신약』「계시록」의 종말 이야기에도 이름이 밝혀지지 않은 천사들이 등장한다.

'성인Saint'이라는 단어의 의미는 개신교와 가톨릭교, 그리고 정교회에서 조금씩 다르다. 개신교도들에게 '성인'이라는 명칭은 살아있는 사람이든 죽은 사람이든, 믿음 안에서 헌신적인 기독교도의 삶을 사는 또는 살았던 누구에게든 쓸 수 있는 단어이다. 하지만 가톨릭교회와 기독교 정교회 교파들은 여기서 한 단계 더 나아간다. 확실히 죽은 사람들을 공식적으로 인정하거나, 성자의 반열에 올려 그들에게 '성인'이라는 명칭을 준다. 이 교파들에 속한 사람들은 기도를 할 때 성상이나 성인들의 조각상을 사용하기도 한다.

대개 성인이 되려면 살아있는 동안 기적들을 일으키고 하나님과 다른 이들에게 놀라운 신성함을 보이거나 섬김의 삶을 살았어야 한다. 가톨릭교회와 정교회는 1054년에 종파들이 분립된 이후, 서로의 성인들을 인정하지 않는다. 일부 개신교(주로 영국 정교회와 루터교도들)

는 몇몇 성인들을 인정하겠지만, 전반적으로 개신교는 성인들을 중요하게 강조하지 않는다. 또한 기도나 예배에서도 그들의 성상이나 조각상을 사용하지 않는다. 개신교는 일률적으로 우상파괴주의, 즉 예배에서 조각상을 사용하는 것을 반대하는 경향이 있기 때문이다.

다른 주요 종교들과의 관계

역사적으로 기독교는 유대교와 이슬람교 사이의 '중간' 종교이다. 세 종교는 3대 주요 아브라함계 유일신교들이다. 그러므로 기독교는 모체 종교인 유대교의 일부 주요 개념들을 가지고 있으며, 특정 개념들을 이슬람교에 전해주었다. 특히 기독교와 이슬람교는 그 규모와 신도 수로 인해 세계에서 막대한 영향력을 가지고 있다. 전 세계 인구의 반 이상이 기독교나 이슬람교 중 하나를 믿는다.

● 힌두교도와 불교도는 일반적으로 예수를 존중한다. 기독교도처럼 신으로가 아니라 존경을 받을만한 영적 리더로, 그리고 영적인 방향으로 나아가고자 하는 사람들에게 유익한 가르침을 제공하는 현자로 존중한다.

● 예수는 유대인이었다. 예수는 노자나 석가모니와 마찬가지로 그의 가르침 위에 세워진 종교와 흥미로운 관계를 갖고 있었다. 예수는 기독

교도가 아니었고, 노자는 도교 신도가 아니었으며, 석가모니는 불교도가 아니었다. 이는 의식과 교리, 성직자, 그리고 사제로 체계화된 조직이 그들 생애에는 존재하지 않았기 때문이다.

● 유대교, 기독교, 이슬람교, 그리고 시크교는 유일신주의 종교들이지만, 기독교의 삼위일체 교리는 세 위격으로 이루어진 하나의 신이라 말한다.

● 전반적으로 기독교와 이슬람교는 영원한 상과 벌, 더 나아가 천국과 지옥에 대한 믿음이 분명하다. 일부 기독교 교리에서는, 예수를 그리스도로 믿지 않는 자들은 영원히 지옥에서 고통을 받을 것이라고 가르친다. 좀 더 전통적이고 보수적인 단체들이 이 가르침을 지지하는 경향이 있다. 그러나 많은 기독교 단체들은 이 가르침을 강조하지 않으며, 일부는 이 가르침을 인정하지 않거나 아예 가르치지 않는다.

CHAPTER 6

이슬람교

이슬람교는 전 세계 모든 대륙에 신도를 가진 세계에서 두 번째로 큰 종교이다. 역사적으로는 유대교 경전에 맨 처음 언급된 인물인 아브라함까지 거슬러 올라가는 신학적 계보를 가진 주요 유일신교 중 세 번째 종교이다. 알라^{Allah}('하나님'의 아라비아어) 이외의 핵심 인물은 창시자인 마호메트이다. 이슬람교도는 마호메트가 모든 인류에게 진리를 보여주기 위해 하나님께서 보내신 마지막 선지자라고 믿는다.

이슬람교는 진정한 의미의 세계적 종교로, 7세기에 마호메트가 사망한 직후 그 근원지인 아라비아반도 너머로 퍼지기 시작했다. 다른 세계적 종교들과 마찬가지로 이슬람교 또한 전파된 지역의 문화 양식을 받아들였기 때문에, 인도네시아나 중국의 이슬람교는 사우디아라비아나 터키의 이슬람교와 매우 다른 양상을 보인다.

그러나 이러한 문화적 유동성 속에서도 이슬람교는 다양한 변화를 거치며 믿음과 실천의 핵심 태도를 변함없이 유지한다. 이런 면에서 이슬람교는 매우 놀라운 종교인 동시에 통일성과 다양성 사이의 긴장감을 유지하는 강력한 사례이다. 또한 신성한 공간에 형상을 두는 것을 금지하는 우상 파괴적 종교임에도 불구하고, 이슬람교의 예술과 건축물들은 세계적으로 유명하다.

주요 사항

발생 시기: 7세기 초

신도 수: 약 18억 명

전 세계 인구 대비 신도 비율: 24퍼센트 이상

주요 지역: 아라비아반도에서 시작된 후, 아프리카와 아시아, 그리고 유럽 일부로 빠르게 전파되어, 현재는 모든 지역에 신도를 가진 세계적인 종교

최대 교파 / 종파: 이슬람교도의 85퍼센트를 차지하는 수니파Sunni

주요 경전: 첫 번째는 『쿠란Quran』, 두 번째는 『하디스Hadith』

대표 상징: 초승달과 별(146쪽 참고)

주요 역사

570 - 632년	이슬람교의 창시자이자 마지막 선지자인 마호메트의 생애
632 - 661년	마호메트의 사망 후 그의 뒤를 이어 이슬람교 공동체를 이끈 칼리프들의 통치 기간. 이슬람교는 아라비아반도에서 지중해와 메소포타미아 지방까지 퍼져나가기 시작한다.
약 650년	우스만Uthman 칼리프 때에 『쿠란』이 작성되고 편집된다.
661 - 750년	다마스쿠스를 중심으로 한 이슬람교의 첫 왕조인 우마이야 왕조 시대. 이 왕조가 이슬람교를 서쪽으로는 스페인과 프랑스, 동쪽으로는 인도까지 전파한다.
750 - 1258년	바그다드를 중심으로 한 아바스 왕조 시대
1058 - 1111년	이슬람교의 매우 영향력 있는 사상가이자 학자인 알 가잘리Al-Ghazali의 생애
909 - 1171년	이집트의 파티마 왕조, 시아Shi'ite 왕조의 시대
980 - 1037년	이란의 큰 영향력을 지닌 의사이자 철학자인 이븐시나의 생애
1099년	기독교 십자군이 이슬람교도에게서 예루살렘을 빼앗는다.
1126 - 1198년	스페인 코르도바 출신의 영향력 있는 철학자이자 법학자, 신학자인 이븐루시드의 생애
11 - 13세기	이슬람교가 아프리카와 아시아 전역에 전파되고 세워진다. 수피교 단체들도 생겨난다.
1207 - 1273년	아프가니스탄의 법학자이자 철학자로 세계적으로 가장 유명한 시인들 중 한 사람이 된 잘랄루딘 무함마드 루미Jalal ad-Din Muhammad Rumi의 생애
1300 - 1922년	터키의 이슬람 제국으로 술레이만 1세(1520-1566년)의 통치 아래 최고로 번창한 오스만 제국 시대.
1452년	오스만 제국의 메메트 2세가 콘스탄티노플을 정복하고, 이스탄불로 이름을 바꾼다.
16 - 19세기	인도의 무굴 제국 시대
19 - 20세기	다수의 이슬람교도들이 처음엔 노예로, 그 후엔 아시아와 아프리카, 그리고 인도 출신의 이민자로 미국에 유입된다.
1979년	현대의 이슬람교 국가로는 첫 시도인 이란 혁명 발생

이슬람교 기념일

라마단 Ramadan

라마단 기간 동안, 이슬람교도는 매일 동이 틀 때부터 해가 질 때까지 모든 음식을 끊고 단식을 한다. 라마단 기간 내내 가족과 친구들이 모여 동이 트기 전에 아침을 먹고 해가 지고 난 후 단식을 끝내는 이프타르Iftar(라마단 기간에 무슬림들이 일몰 직후 금식을 마치고 먹는 첫 번째 식사-옮긴이), 혹은 저녁을 먹는다. 이슬람력은 음력으로 계산되기 때문에 라마단 날짜는 매해 달라지며, 다음에 나오는 명절과 의식도 모두 마찬가지이다.

이드 알피트르 Eid Al-Fitr

이틀에서 사흘간 열리는 축제로 '단식 후 축제'로도 알려져 있으며, 이 행사로 라마단의 끝을 알린다. 선물을 하고, 자선을 베풀며, 친구들과 모여 음식을 나눈다.

이드 알 아드하 Eid Al-Adha

'희생절'이다. 메카로 가는 연례 순례의 마지막 날을 기념하는 날로, 이슬람교도는 일생에 적어도 한 번은 이 순례를 하도록 권고를 받는다. 잔치와 기념행사들도 여러 날에 걸쳐 열린다. 이 순례 기간에는 아브라함이 그의 아들을 알라에게 바치도록 요구받았던 희생 제물

을 상기시키는 동물(보통 염소, 양, 또는 낙타) 한 마리가 희생된다(유대교

와 기독교에서 이삭이라고 주장하는 것과 달리, 이슬람교에서는 아브라함이 제물로

바칠 뻔했던 아들이 이스마엘이라고 한다). 희생된 동물의 고기는 먹고 가난

한 자들에게 나눠준다.

이슬람교 QnA

Q. 마호메트는 누구인가?

마호메트는 이슬람교를 창시한 예언자이자 이 종교를 받아들이게 된 사람들의 첫 번째 지도자였다. 그는 메카에서 태어나, 고아로 어린 시절을 보내다가 유명한 베두인족 삼촌의 손에 자랐다. 어른이 된 후, 아라비아반도를 가로지르는 오아시스들 사이의 통상로들을 이동하며 고용주였던 카디자라는 이름의 부유한 미망인을 위해 일하는 성공한 상인이 되었다. 그녀는 마호메트에게 매우 감명을 받아 그에게 청혼을 하였고, 두 사람은 결혼했다.

마호메트는 40대에 메카 근처의 동굴에서 일련의 영적 체험을 하며 유일하신 진리의 하나님이 그를 선지자로 지목하셨음을 깨닫게 되었다. 그리고 이슬람교의 창시자이자 지도자로서의 일을 시작한다. 그는 20년 넘게 지속적으로 계시적인 영적 경험을 하고, 그들을 버리고 공격하는 자들에 맞서는 젊은 신도 공동체를 옹호하며, 그가 신으로부터 받았다고 주장하는 메시지를 가까운 동료들에게 가르쳤다. 종교학에서 마호메트를 대단한 인물로 보는 이유는, 그가 종교적 소명을 받아들인 후에 수십 년 동안 선지자, 예언가, 전사, 지도자, 조정자, 그리고 정치적 중재인이라는 많은 역할을 맡았기 때문이다.

Q. 이슬람교는 어떻게 시작되었나?

이슬람교는 마호메트가 메카 근처의 동굴에서 겪은 일들이 정신적으로 문제가 있거나 악마(또는 그의 문화에서 부르는 '정령')의 영향을 받은 것이 아니라, 정말로 신으로부터 받은 것이라고 믿게 되면서 시작되었다. 사회학적 관점에서 볼 때 마호메트는 새로운 종교를 세운 것만이 아니라, 베두인 문화에서 유일하신 참 하나님, 또는 '알라'를 경배하는 것에 초점을 맞춘 새로운 종족을 만들었다. 베두인 문화는 다신론, 즉 많은 신들을 믿는 문화로, 종족마다 자신들의 전통적인 신을 가진 문화였다.

마호메트는 그의 종족에서 중요한 신은 하나이며, 유대교와 기독교 신과 같은 존재인 유일하신 참 하나님이라고 믿게 되었다. '이슬람'이라는 단어는 '평화'와 '항복'을 의미하는 아라비아어 어근에서 파생된 단어이다. 그러므로 이슬람교도가 된다는 것은 유일하신 하나님께 항복하고, 그 항복으로부터 생기는 평화를 경험한다는 뜻이다.

이러한 유일하신 하나님을 경배하는 것을 지향하는 새로운 종교와 종족을 만들면서, 마호메트는 다른 베두인 종족의 지도자들이 해야 했던 일들을 한다. 즉 사람들을 안전하게 보호하고, 그들의 필요를 충족시키며, 사막의 오아시스들 사이의 통상로들을 확실하게 사용할 수 있게 해주고, 상호 이익을 위해 다른 종족들과 동맹을 맺는 것이다. 또한 법을 집행하고 분쟁을 조정하며, 때로는 위협과 공격을 막아내기 위해 군사를 동원한 전쟁을 그의 종족과 함께 효과적으로 해야 했다. 마호메트가 사망한 후 100년 동안, 이슬람교는 베두인의 뿌리에서 벗어나 세계적인 종교가 되었다.

Q. 마호메트의 아내인 카디자는 선지자인 남편을 지지 했는가?

그렇다. 특히 그녀는 마호메트가 삶을 영원히 바꿔놓았던 메카 근처 동굴에서 영적 체험들을 하기 시작한 후 남편에게 보낸 한결같은 사랑과 지지로, 모든 이슬람교도들에게 존경을 받는다. 구전에 따르면 처음 이 경험을 했을 때 가브리엘 천사가 하나님의 대변자로 나타나 마호메트에게 이야기를 하고서, 그가 들은 것을 다시 전하라고 명했다고 한다. 마호메트는 떨리고 두려운 마음으로 집으로 달려와 그가 겪은 일을 카디자에게 말했다. 그녀는 그를 붙잡고 진정시킨 다음 그 체험을 다시 하게 될지 기다려보자고 말했다고 한다.

경험이 반복되자, 그녀와 마호메트의 가까운 동료들은 그를 격려 하고, 그가 이 경험들을 적법한 것이라고 판단하도록 돕고, 하나님께 서 그에게 요청하시는 일을 하도록 그에게 용기를 주었다. 마호메트 가 선지자와 지도자로 일했던 20년 동안, 카디자는 남편을 돕고 그 가 도전받고 공격을 당할 때마다 곁을 지켜주었다. 비록 베두인 문화 가 일부다처제를 허용했지만, 마호메트는 카디자가 사망할 때까지 다른 아내를 얻지 않았다. 이슬람교에서 가장 존경받는 두 여성은 카디자와 두 사람의 딸인 파티마이다.

Q. 메카는 어디인가?

메카는 사우디아라비아의 서쪽 근처, 홍해를 따라 해안가를 반쯤 올라간 위치에 있다. 마호메트는 약 570년에 메카에서 태어났는데, 그 시기 메카는 중요한 상업 도시였다. 그는 영적 체험들을 하고 이슬람교를 창시했던 시기를 포함해 여러 해 동안 메카에서 살았다. 이런 이유로 메카는 이슬람교에서 가장 신성한 도시이며, 이슬람교도는 매일 메카를 향해 자리를 잡고 기도를 드린다.

두 번째 성지는 메카에서 북동쪽으로 몇백 킬로미터 떨어진 곳에 위치한 사우디아라비아의 도시인 메디나이다. 622년에 마호메트와 그의 신도들이 메카의 여러 단체들로부터 받던 박해와 압박을 피해 옮겨갔던 곳이다. 마호메트는 메디나에 최초의 이슬람교 정부로 여기는 단체를 세웠고, 그곳에서 사망했다.

세 번째 성지는 오늘날의 이스라엘인 예루살렘으로, 이곳에 이슬람교도들은 692년에 바위의 돔이라는 이슬람 사원을 지었다. 이곳은 고대 유대 성전과 같은 위치로, 70년에 로마인들에 의해 파괴되었다. 이슬람교는 이 장소가 아브라함이 그의 아들 이스마엘을 희생 제물로 바쳤던 곳이고, 마호메트가 천국으로 올라간 곳이며, 하나님과 그에 앞선 모든 선지자들로부터 확증을 받은 선지자의 역할을 했던 곳이라 믿는다.

Q. 이슬람교의 유일신은 유대교 및 기독교의 신과 같은 존재인가?

대중적으로 알려진 이슬람의 신앙에 따르면, 세 종교의 알라와 하나님은 동일한 존재이다. 일반적으로 유대교와 기독교는 이슬람교도들이 자신들과 같은 신을 경배하는 것을 인정한다. 그러나 이 세 종교의 대표들은 믿음에 대한 중요한 차이로 인해 생기는 사안에는 동의하지 않는다.

이슬람교의 구전에서는 하나님과 아브라함 또는 모세 등의 주요 인물들과의 만남을 포함하여, 히브리인의 경전들에 먼저 기록된 여러 사건들을 그들만의 방식으로 이야기한다. 뿐만 아니라 기독교와 달리 예수를 신으로 인정하지 않는다. 이슬람교에서 보는 예수는 하나님의 또 다른 선지자로, 당연히 추앙을 받으나 신은 아니다. 성령도 신으로 여기지 않는다. 이슬람교는 기독교의 삼위일체 교리(세 위격으로 나타나시는 하나님)를 하나님의 유일성으로 덮는다.

Q. 이슬람교에도 유대교와 같은 식사 규정이 있는가?

전반적으로 유대교의 규정들만큼 복잡하지는 않지만, 이슬람교도에게도 식사 규정이 있다. 코셔(51쪽 참고)라 불리는 규정은 먹을 수 있는 음식과 먹을 수 없는 음식, 그리고 음식을 준비하거나 제공할 수 있는 방법과 해서는 안 되는 방법을 제시한다. 코셔 규정은 돼지고기나 조개류 등의 특정 음식들은 완전히 금지하며, 육류와 유제품을

이슬람교의 일상

할랄 지키기

전 세계 이슬람교도들은 할랄 규정을 일상으로 지킨다. 할랄은 '허용된' 혹은 '합법적인'이라는 의미로, 이 규정에 따른 일부 음식들을 할랄로 취급한다. 할랄의 반대 용어는 '합법적이지 않은' 또는 '허용되지 않은'이라는 의미의 '하람'이다. 할랄과 하람은 기본적으로 육류에 적용되지만, 섭취하기에 부적절한 식재료도 하람으로 여긴다.

항상 하람으로 여기는 두 가지는 돼지고기와 술이며, 할랄 육류를 얻기 위해서는 가축들을 특별한 방법으로 기르고 도축해야 한다. 인도적으로 키워야 하고, 도축하는 사람들은 도축하는 순간 반드시 하나님께 감사의 기도를 드려야 하고, 동물의 머리가 반드시 메카를 향하게 해야 하며, 급소를 한 번에 끊어서 죽여야 한다. 죽은 동물의 피는 모두 빼내야 한다. 많은 사람들이 할랄 육류가 공장형 농장에서 길러진 동물들보다 건강하다고 여기는 이유는, 할랄 가축이 더 나은 환경에서 지내고 더 건강한 사료를 먹기 때문이다.

섞는 것도 금지한다. 코셔 규정을 지키는 유대교 신도는 우유와 유제품들을 서로 다른 냉장고에 보관하고 별도의 조리도구와 식기에 조리하고 담아낸다.

할랄이라는 이슬람교의 식사 규정은 모든 음식에 적용되는 것이 아니며, 대부분 육류, 그리고 동물들을 키우고 도축하는 방법에 적용한다.

Q. 이슬람교의 주요 믿음과 관습은 무엇인가?

모든 주요 교파들과 종파들에 걸친 이슬람교의 핵심 믿음과 관습에 관한 가장 일반적인 개요는 다섯 기둥이며, 그 내용은 다음과 같다.

1. **신앙 고백:** "하나님 외에 다른 신은 없으며, 마호메트는 하나님의 선지자이다." 이것을 고백하고 믿는 자는 누구나 이슬람교도이다.

2. **기도:** 기도 의식은 하루에 다섯 번(일부 시아파들은 하루에 세 번), 특정 시간에 드린다. 이슬람교도는 어디에서든, 세정 의식을 행한 후 메카를 향해 기도를 드린다(164쪽 참고).

3. **자선:** 소득의 약 2퍼센트, 또는 1/40을 가난한 자들을 돕고 이 종교를 후원하기 위해 낸다. 이슬람 국가에서는 이것을 공식적인 세금으로 부과하기도 한다.

4. **금식:** 모든 건강한 성인 이슬람교도는 마호메트가 동굴에서 처음 계시를 받기 시작했던 달인 라마단 기간에 금식을 해야 한다. 한 달 내내 매일 동틀 녘부터 해가 질 때까지, 이슬람 교리를 지키는 사람은 음식, 음료, 그리고 성관계를 삼간다. 아픈 사람, 임산부, 또는 다른 이유로 금식을 할 수 없는 사람은 금식이 면제되거나 다른 시기에 지켜도 된다.

5. **성지순례:** 건강하고 경제적인 상황이 허락되는 이슬람교도는 적어도 한 번은 메카를 방문하고 연례 순례를 해야 한다. 이 성지순례에서는 다양한 의식들과 함께 아브라함, 이스마엘과 그의 어머니 하갈, 그리고 마호메트의 이야기들이 재연된다. 사원과 다른 종교 단체에서 모은 구호금의 일부는 성지순례를 할 형편이 되지 않는 사람들을 돕는 데 쓰인다.

이러한 다섯 기둥 외에도 이슬람교는 거짓말, 도둑질, 살인, 성적 문란, 그리고 부정적이고 해로운 기타 행동들을 금지한다. 또한 여타 종교들의 대다수 신도들에게도 익숙한 윤리적이고 도덕적인 가치를 강조한다. 이슬람교는 겸손함, 정직함, 진실함, 경건함, 그 외의 다른 긍정적 자질과 같은 전형적인 덕목들을 함양하라고 주장한다.

Q. 이슬람교가 지은 신성한 공간은 무엇인가?

이슬람교의 신성한 공간 중 가장 잘 알려진 것은 모스크이다. 언제, 어디에 지어졌는가, 또 어떤 종파가 섬기는가에 따라 모스크 크기는 크기도 하고 작기도 하며, 화려하기도 하고 소박하기도 하다. 대부분의 모스크가 수니파, 시아파, 수피파 등 모든 이슬람교도에게 열려 있다. 특정 종파에게 특별하게 맞춘 모스크도 있다. 대부분의 모스크가 가진 전형적인 특징은 뾰족탑(미나레트minaret)이 있는 높고 가느다란 탑이다. 모스크의 지도자가 이 탑에서 매일의 기도를 알리는 노래나 구호를 외친다.

모스크에 나타난 이슬람식 건축과 예술의 또 다른 뚜렷한 특징은 인물을 나타내는 어떠한 예술품도 없다는 점이다. 하나님, 마호메트, 혹은 그 누구의 조각이나 그림, 스케치도 없다. 이슬람교의 예술은 세 가지 주요 요소, 바로 기하학적 무늬, 아랍어 서체, 그리고 실내 장식 단체들이 종종 아라베스크 무늬라고 부르는 담쟁이덩굴이나 꽃줄기의 반복적 식물 패턴이 차지하고 있다. 많은 모스크들이 주요 요소 중 하나 또는 모두가 담긴 복잡하고 난해한 패턴들로 장식되어 있다.

일반적으로 모스크 내부는 기도를 하려는 많은 사람들이 줄을 서기 편리하도록 패턴이 있는 양탄자를 바닥에 깔아놓은 크고 개방된 공간으로 되어 있다. 대부분 모스크에는 남녀가 구분된 공간을 사용하는데, 일반적으로 여성은 기도를 위해 의식의 움직임을 하는 동안에도 단정함을 지킬 수 있도록 뒤편에 자리한다.

Q. 초승달과 별은 무엇을 상징하는가?

초승달과 별(146쪽 참고)은 이슬람교의 공식 상징은 아니지만, 가장 많이 알려진 상징이다. 이 상징은 오스만 제국이 콘스탄티노플을 정복했을 때 채택된 것이다. 초승달과 별은 오스만이 점령하기 전부터 이 도시의 상징이었는데, 오스만 제국이 원칙을 지키며 과도기를 유지하는 방법으로 이 상징을 택했다는 것이 여러 흔적으로 남아 있다.

그러나 그것과는 별개로, 오스만 제국은 18세기 후반까지 이 상징을 철저하게 변형시켰다. 그 외 다른 이슬람교도 단체들과 대부분의 이슬람 국가들은 이 상징을 이슬람교적 본질로 받아들였다. 더 나아가서는 이슬람교의 상징으로 굳어졌다. 많은 이슬람 국가들의 국기에는 이 초승달과 별이 나타나 있다.

Q. 이슬람교의 경전들은 무엇인가?

이슬람교의 주요 경전은 『쿠란』이다. 『쿠란』은 7세기, 마호메트가 사망한 후 얼마 지나지 않아 만들어졌으며, 아라비아어로 된 하나님의 말씀 그 자체로 여긴다. 이런 이유로 이슬람교는 『쿠란』을 다른 언어로 옮기도록 절대로 강요하지 않는다. 모국어가 무엇이든 전 세계 모든 이슬람교도들은 아라비아어로 된 몇 가지 매일 기도를 말하고, 원어로 기록된 『쿠란』의 특정 문구들을 읽을 수 있을 정도로 아라비아어를 익혀야 한다.

이슬람교에서 두 번째로 중요한 문헌은 『하디스』, 또는 선지자의 '관례'이다. 『하디스』는 이상적인 이슬람교도이자 모든 이들의 본보기로 여겨지는 인물인 마호메트 삶의 일화들을 모은 것이다. 각각의 일화들은 명단과 함께 실려 있는데, 이 명단이 이야기의 신뢰도를 높인다. 명단에는 마호메트를 개인적으로 알았던 사람들, 각 일화 속 사건들이 생겼을 때 그 자리에 있었던 사람들, 또는 그 이야기를 동료들에게 전달해서 기록하게 하고 『하디스』로 모으려 했던 사람들의 계보가 담겨 있다.

이슬람교 문헌의 정확도와 신뢰도에 대한 장치는 이슬람교 전반에 걸친 공통적인 맥락이다. 이슬람교는 유대교와 기독교의 인물과 종교를 일반적으로 존중하지만, 이 두 종교의 경전들이 수 세기를 거치며 진실성을 잃었다고 본다. 누가 기록했는지 분명하게 아는 사람이 없고, 구전된 기간도, 문서의 양식이 왜곡된 기간도 길기 때문이다. 이와 반대로 이슬람교 시각에서 『쿠란』은 마호메트의 생애 중에 기록된 문서이고, 『하디스』의 기록뿐만 아니라 그 기록 모음도 유대교나 기독교의 경전들보다 훨씬 더 제대로 알려지고 검증되었다고 여긴다.

Q. 『쿠란』은 누가 썼는가?

'쿠란'이라는 용어는 '암송'이라는 뜻으로, 하나님께서 동굴에서 마호메트에게 내리신 계시를 말한다. 구전에 따르면 각각의 일화마다 마호메트는 그가 계시받은 것을 하나님께 '다시 암송하기'를 요구받았다고 한다. 마호메트는 20년 넘게 이 계시의 일화들을 체험했고, 그 내용을 가까운 동료들뿐만 아니라 공동체에게도 암송했으며, 그들은 그 내용을 기억하고 있다가 공동체의 다른 이들에게 전했다. 어떤 이들은 명목상 암기한 암송들을 마호메트의 생전에 기록하기 시작했다.

마호메트의 사망 이후, 이슬람교도 공동체를 이끌었던 칼리프들이 마호메트가 사람들에게 알려주었던 내용을 기록하고, 이전에 기록되었던 모든 자료를 수집하기 시작했다. 초기의『쿠란』은 그러한 암송들의 모음집으로, 제1대 칼리프인 아부 바크르의 주도로 완성되었다. 더 완벽한 판본은 마호메트 이후 제3대 칼리프인 우스만이 완성하였다. 이후 생겨난 몇 개의 변형들은 주로 내용만 다르게 각색된 것들이다.

전체적으로 보면 문서로서의『쿠란』은 마호메트가 사망한 후 수십 년의 기간 동안 완성되었다. 그러나 전 세계 많은 이슬람교도들은『쿠란』을 읽는 것이 아니라, 각 공동체 지도자들이 암기한 것을 전해주거나 불러주는 것을 듣는 것으로『쿠란』의 내용을 익힌다. 그래서『쿠란』은 원문이 온전함에도 불구하고 오랜 기간 구전으로 전해졌다.

Q. 이슬람교도 여성들이 종종 머리나 얼굴을 가리는 이유는 무엇인가?

여성들이 머리를 가리는 것은 마호메트의 시대와 그 이후 유대교와 기독교 문화에서와 마찬가지로 베두인 문화의 통례였다. 일반적으로 이슬람교도 여성은 유대교와 기독교 여성이 머리를 가리는 것과 똑같은 이유로, 즉 단정함을 지키기 위해 머리 덮개를 쓴다.

이슬람교에서 여성이 머리를 가리는 전통은 그 지역의 역사와 문화에 따라 다르다. 예를 들어 이란의 여성들은 청바지나 바지 정장과 같은 서양식 복장에 스카프로 머리를 가리는 반면, 사우디아라비아

이슬람교의 일상

기도의 부름

규칙적인 기도는 이슬람교의 다섯 기둥(158쪽 참고) 중 하나이다. 일반적으로 손과 발, 코, 귀, 그리고 입을 씻은 후, 기도용 양탄자 위에서 메카를 향해 기도를 하는 것이 전통적인 기도 방법이다. 대부분의 모스크에는 신도들이 이 세정 과정을 할 수 있는 야외 분수대가 있다. 그러나 매일 기도를 위해 반드시 모스크가 필요한 것은 아니다. 이슬람교도는 어디에서든 기도할 수 있다.

수니파 교도는 하루에 다섯 번 지정된 시간에 기도를 하며, 일어서기, 절하기, 무릎 꿇기, 이마를 바닥에 대기와 같은 정해진 동작들을 하면서 기준 규범에 따라 기도한다. 일부 시아파 단체들은 하루 3회로 기도의 횟수를 줄였다.

이슬람교가 주를 이루는 국가나 지역에서는 특정 시간에 행해지는 기도의 부름을 모스크의 증폭 장치나 확성기를 통해 중계하여 근처의 모든 이슬람교도들이 기도 시간임을 듣게 하기도 한다.

의 여성들은 아바야라는 망토 형태의 옷으로 머리뿐만 아니라 몸 전체를 가린다. 인도의 일부 이슬람교도들은 머리는 가려도 머리카락은 보이게 두는 반면, 이라크와 터키, 또는 팔레스타인 지역의 이슬람교도 여성들은 머리 덮개 아래로 한 올의 머리카락도 보이지 않도록 확인한다. 아프가니스탄처럼 극도로 보수적인 형태의 이슬람교 문화적 영향을 받는 일부 지역 여성들은 부르카 같은 것으로 얼굴과 몸 전체를 가려야 한다. 한마디로 정리해서, 이러한 관례는 지역에 따라 다르다.

일반적으로 이슬람교는 남성과 여성 모두에게 단정한 옷을 입도록 권장한다(이슬람교도 남성들은 반바지를 입거나 상의 탈의를 거의 하지 않는다). 특히 여성의 머리카락을 성적인 것으로 보기 때문에 가까운 가족들과 남편을 제외한 사람들에게 보이지 않도록 가려야 한다.

Q. 이슬람교는 어떻게 전파되었나?

이슬람교는 개종, 자연 증가, 그리고 제국을 통해 퍼져나갔다. 마호메트가 살아있던 시절에도 이슬람교 공동체는 압박과 박해로부터 스스로를 지키기 위해 싸워야 했었다. 공동체가 예배의 안전과 자유를 보장받는 방법은 그 지역을 정치적으로 장악하는 것이었다. 이슬람교의 첫 번째 정치적 왕조였던 우마이야 왕조는 마호메트의 사망 후 고작 30년 후에 시작된 왕조였다. 이 왕조는 처음에는 다마스쿠스를, 후에는 스페인을 중심으로 삼았다.

뒤이어 생겨난 다른 여러 이슬람 왕조들과 제국들도, 세계 여러 지역으로 이 종교를 전파하는 거점이 되었다. 이 중에서 여러 제국들은 그들이 장악한 지역의 사람들에게 이슬람교로 개종하도록 요구하지 않았다. 그들의 개종은 자발적인 이유, 또는 자연스런 문화적 동화에 의한 것이었다. 또한 이슬람교의 신비주의자들인 수피파는 불교 승려들이 불교를 중앙아시아 지역에 전파한 것과 유사한 방법으로 아프리카와 그 주변으로 신앙을 전파했다.

Q. 이슬람교가 성전 혹은 지하드를 통해 전파되었다는 것이 사실인가?

반드시 그런 것은 아니다. 국제 뉴스를 통해 '지하드'라는 단어를 들어봤겠지만, 이 단어는 전통적인 이슬람교에서 통용하는 의미와는 별개의 전혀 다른 의미이다.

이슬람교는 기독교가 1066년 정복자 윌리엄과 함께 영국에 들어왔던 것과 아주 똑같은 방법으로, 제국 또는 왕조를 통해 세계 여러 지역들로 전파되었다. 왕조와 제국은 군대와 무기를 가지고 있다. 그러므로 종교가 전쟁을 통해 세워지는 정치적 제국의 일부가 되기까지, 이들 종교는 적어도 어느 정도 무력에 의해 전파되었다.

어쨌든 지하드는 10세기에서 13세기, 기독교도가 예루살렘과 그 주변의 신성한 땅들을 정치적으로 장악하기 위해 이슬람교도와 전쟁을 일으켰던 십자군 전쟁 중에 처음 사용했던 단어이다. 아라비아어인 '지하드'는 투쟁이라는 뜻이며, 대개 이슬람교에서는 무장을 하거나 비무장 상태를 지하드로 본다. 무장한 지하드, 또는 칼을 든 지하드란 이슬람교도와 자신의 신앙을 지키고 실천할 권리를 가진 이들을 방어하기 위한 무장 투쟁을 말한다. 마음 또는 영혼의 지하드는 하나님께 순종하는 고결한 삶을 살기 위한 비무장 투쟁이다.

Q. 이슬람교의 주요 교파는 무엇인가?

이슬람교의 주요 교파 두 가지는 수니파와 시아파이다. 전 세계 이슬람교도들의 85퍼센트가 수니파이고, 나머지 15퍼센트를 시아파가 차지한다. 두 단체로 나뉘게 된 것은 마호메트의 시대로 거슬러 올라가는데, 주로 그의 뒤를 이을 지도자에 대한 견해의 차이로 인한 것이었다.

'전통의' 또는 '공동체의'라는 의미를 가진 수니파는 그들이 마호메트의 가르침과 전통에 가까운 사람으로 여기는 자가 그 공동체를 이끌어야 한다고 믿었다. 그래서 아부 바크르를 선택했다. 반면에 '단체'라는 의미의 시아파는 마호메트의 혈족이 그의 뒤를 이어야 한다고 생각했기 때문에, 마호메트의 가까운 동지들 중에서 그의 사촌이자 사위인 알리를 선택하여 '알리의 파'가 되었다. 그래서 수니파와 시아파는 선지자의 시대로 거슬러 올라가는 지도자의 계보가 서로 다르며, 수 세기에 걸쳐 서로 다른 권위 체계와 신학을 발전시켰다. 수니파와 시아파 모두 하위 종파들이 있다. 이슬람교의 또 다른 교파인 수피파는 성향으로 보면 수니파일 수도 있고 시아파가 될 수도 있지만, 이슬람교의 신비한 지혜의 전통에 중점을 둔다.

Q. 마호메트 이외의 이슬람교의 주요 인물로는 누가 있는가?

마호메트의 가까운 동지들이었던 4명의 칼리프들은 초기 이슬람교의 발전과 전파에 매우 중요한 인물들이었다. 그들 다음으로는 우마이야 왕조, 몽골 제국, 무굴 제국, 그리고 오스만 제국을 포함한 여러 왕조와 제국의 지도자들이 있다. 또한 이븐시나, 이븐루시드, 그리고 알 가잘리 같은 서양의 중세시대에 매우 영향력이 있던 여러 명의 철학자들과 학자들도 있다. 그리고 마지막으로 13세기의 법학자이자 전 세계에서 가장 유명한 시인들 중 한 사람이 된 작가인 잘랄루딘 무함마드 루미가 있다.

Q. 이슬람교는 예수와 유대교의 모든 선지자와 지도자를 숭배하는가?

대개는 그렇다. 이슬람교는 고대 이스라엘 민족들로부터 시작되어 예수의 일생과 기독교의 창시를 거치며, 지속된 유일하신 하나님 중심의 선지자적 전통을 이어받았다고 이해한다. 기독교 전통의 예수는 물론, 히브리인 성경의 모든 유대 선지자들과 지도자들을 중요하게 여긴다. 『쿠란』에는 유대교와 기독교 경전의 수많은 이야기 위에 뚜렷한 이슬람교적 변형을 덧입은 형태들이 등장한다. 예를 들어 『쿠란』에도 아담, 노아, 아브라함, 그리고 유대교와 기독교 문헌들에 등장하는 수많은 인물은 물론 예수의 탄생과 그의 어머니인 마리아의 이야기가 담겨 있다.

앞서 언급했던 것처럼 이슬람교는 예수를 유일하신 하나님을 대신하는 신적 존재로 숭배하지 않는다. 또한 예수가 십자가에 처형당했다고 가르치지도 않는다. 이슬람교는 하나님께서 그의 선지자가 그런 굴욕적인 죽음을 겪도록 허락하시지 않았다고 본다. 그래서 예수는 십자가에서 고통을 당하기 전에 하늘로 올라갔으며, 신성한 명령을 통해 또 다른 사람(아마도 제자로, 이 부분에 대해서는 이슬람교 학자들의 의견들이 다르며,『쿠란』도 분명하게 밝히지 않는다)이 기적을 통해 예수의 모습으로 변하여 예수 대신 십자가에서 죽었다고 본다.

Q. 이슬람교는 내세를 어떻게 가르치는가?

이슬람교와 기독교가 내세를 보는 관점은 유사하다. 이슬람교는 영원한 상과 벌이 있는 공간인 천국과 지옥이 있다고 가르친다. 이슬람교도는 사람이 죽은 후 그 영혼은 종말의 때에 심판의 날이 올 때까지 무덤에 남아 있으며, 그 종말의 날에 모든 사람들이 각자의 행실과 믿음을 심판받게 된다고 믿는다. 하나님과 천사들의 심판에 따라, 사람들은 영원히 천국 또는 지옥에서 거하게 된다.

심판의 날이 오기 전, 예수(또는『코란』에서의 호칭인 '이사Isa')가 기독교에서 적그리스도라 부르는 존재와 매우 유사한 가짜 구세주와 싸우기 위해 지상으로 돌아온다. 시아파 이슬람교의 대표 종파는 마호메트 이후의 지도자 계보에서 열두 번째 이맘(imam, 이슬람교의 성직자-옮긴이)이 영적 은신에 들어가 모습을 숨긴 채로 자신들의 공동체 안에 거하고 있다고 가르친다. 이 이맘은 '마흐디Mahdi' 또는 '올바르게 인도된 자'라고 알려져 있다. 그를 믿는 사람들에 따르면, 그는 심판의 날에 자신을 드러낼 것이며, 예수와 함께 세상의 악을 멸망시키기 위해 적그리스도와 싸울 것이라고 한다.

Q. 시인 잘랄루딘 무함마드 루미는 이슬람교도인가?

그렇다. 잘랄루딘 무함마드 루미는 13세기에 지금의 아프가니스탄 지역에서 태어난 이슬람교도이다. 그의 아버지는 존경받는 이슬람교 학자였으며 자신의 뒤를 따르도록 루미를 키웠다. 루미는 가족과 함께 메카로 이주하였고, 알레포로 갔다가 아버지가 사망한 후에 다마스쿠스로 이주했다. 거기서 그는 이슬람교의 법을 공부했고 수피교에 가담했다.

1240년에 터키 중부의 코냐로 옮겨가, 몇 해 후 그곳에서 타브리즈 출신의 샴스 알 딘Shams al-Din이라는 이름의 방랑하는 신비주의자와 깊은 영적 관계를 맺기 시작했다. 루미와 샴스의 관계는 온 마음을 사로잡는 절대적인 것이었기에, 루미는 그때까지 쌓아올린 이슬람교의 명망 높은 지식인이자 법학자라는 지위를 버렸다.

1247년 샴이 사망한 후, 루미는 오늘날 그를 유명하게 만든 황홀한 연애시를 쓰기 시작했다. 서양의 많은 사람들은 루미를 통해 수피교의 신비주의를 처음으로 접한다. 그의 작품이 마돈나 등과 같은 예술가들을 통해 대중문화 속에 파고 들었으나, 그 작품의 이슬람교적 측면들은 축소되었다.

다른 주요 종교들과의 관계

이슬람교는 기독교에 뒤이은 두 번째 규모로, 매우 영향력 있는 종교이다. 전 세계 종교적 인물들의 절반 이상이 두 종교의 신도들이다. 유대교는 두 종교의 모체 종교이며, 이슬람교는 기독교와 유대교의 여러 핵심 신조들을 반영하고 있다.

● 유대교, 기독교, 그리고 이슬람교의 신도들을 '책의 사람들"이라고 부른다. 이것은 그들이 세 종교와 그 경전들 속에 담긴 문헌과 이야기를 공유하며 매우 경건하게 여기는 신앙인이라는 의미이다.

● 제국이나 왕조에 얽힌 다른 종교들(예를 들어 불교, 기독교, 또는 도교)과 마찬가지로, 이슬람교 역사 속에는 타종교도들과의 평화로운 공존뿐만 아니라 불관용의 시기들도 있다.

● 이슬람교는 가톨릭교, 개신교, 불교, 도교와 함께 중국의 5대 공식 인증 종교 중 하나이다. 중국 정부가 이 종교들의 지도부를 관리하며, 공식 이슬람교의 경우 신도들의 성지순례를 지원한다. 다른 비공식 단체들이나 타종교는 물론, 위구르족 같은 이슬람교도 단체들은 지원을 받지 못하며 종종 박해도 당한다.

● 유대교, 이슬람교, 그리고 시크교는 하나님이나 다른 선지자, 현자, 또는 구루를 묘사하는 조각상에 대하여 우상 파괴적 태도를 취한다. 시크교는 개신교가 예수와 그의 제자들의 그림들을 허용하는 일부 형태들과 매우 유사하게 구루의 그림을 허용한다.

CHAPTER 7

시크교

시크교는 인도 북부 펀자브 지역에서 시작된, 500년 이상의 역사를 가진 종교이다. 힌두교와 이슬람교를 바탕으로 시작되었기 때문에, 두 종교는 물론이고 시크교가 창시되기 몇 세대 전에 인도에서 발달되었던 샌트매트 운동Sant mat movement이라는 종교적 운동의 영향도 받았다. 시크교는 여러 면에서 매우 심플한 종교이다. 도덕적으로 생활하고 타인을 섬기며 각자의 삶에서 '신에 대한 자각'을 더욱 높일 것을 사람들에게 권고하는 강력한 유일신교이다.

고작 몇백 년밖에 되지 않는 역사에도 불구하고, 시크교는 전 세계, 특히 대영제국과 관련된 지역들로 전파되었다. 시크교는 종교가 유의미한 상태를 지속하기 위해, 시간의 흐름에 맞춰 변화하는 유기적이고 활발한 조직임을 보여주는 매력적인 사례다. 시크교는 그 짧은 역사 속에서 매우 조직적이고 구조적인 변화들을 겪었으며, 그로 인해 더욱 흥미롭고 매력적인 종교가 되었다.

주요 사항

발생 시기: 1500년경

신도 수: 약 2,500만 명

전 세계 인구 대비 신도 비율: 1퍼센트 미만

주요 지역: 시크교도의 90퍼센트가 북부 인도에 거주한다. 영국, 미국, 그리고 캐나다에도 시크교 밀집지역이 있다.

최대 교파 / 종파: 공식적인 교파나 종파는 없고, 주요 단체들로는 칼서Khalsa와 사하즈다리스Sahajdaris가 있다.

주요 경전: 『아디 그란트Adi Granth』(『구루 그란트 사히브Guru Granth Sahib』라고도 한다)

대표 상징: 칸더Khanda(174쪽), 그리고 구루 나나크Guru Nanak와 그의 뒤를 이었던 아홉 구루들의 그림.

주요 역사

1200년대	성스러운 사람들의 삶을 강조한 인도 힌두교의 신비한 종교 운동인 샌트매트 운동이 시크교 기풍에 종교적·문화적 배경을 크게 차지한다.
1469 - 1539년	시크교의 창시자인 나나크의 생애.
1459 - 1534년	바이 마르다나Bhai Mardana의 생애. 그는 구루 나나크의 오랜 이슬람교도 동지이자 시크교로 개종한 첫 번째 인물이다.
1581 - 1606년	제 5대 구루인 아르얀Arjan의 통치 기간
1604년	시크교의 성지인 황금사원 건설
1603 - 1604년	『아디 그란트』 편찬
1675 - 1708년	제 10대이자 마지막 구루인 고빈드 싱Gobind Singh의 통치 기간
1699년	시크교의 새로운 규율인 '칼서' 확립
1780 - 1839년	인도 북부의 시크 왕국 창립자이자 1801년부터 1839년까지의 통치자였던 '펀자브의 사자' 란지트 싱ranjit Singh의 생애
1845 - 1849년	영국-시크 전쟁. 인도 북부의 통치권을 두고 빚어진 영국과 시크 왕국 간의 갈등.
1920 - 1925년	구루드와라Gurdwara 개혁 운동 발생(18세기 무굴의 지배 중 빼앗겼던 시크교의 예배 장소들에 대한 통제권을 되찾으려던 비폭력 캠페인).
1984년	인도의 총리 인디라 간디가 시크교의 국수주의를 진압하려 했던 '푸른 별 작전Operation Blue Star' 이후 그를 경호하던 시크교도들에 의해 암살당한다.

시크교 기념일

시크교는 힌두교의 여러 주요 행사들을 시크교의 믿음과 서사에 맞게 수정하여 기념한다. 시크교만의 독특한 기념일들도 있는데, 대부분 10명의 구루들 생애에 집중되어 있다.

바이사키 Vaisakhi

4월 13일이나 14일

바이사키는 시크교의 설날로, '칼사'의 창시를 축하하는 기념일이다. 시크교의 깃발들을 새것으로 교체하고, 사람들이 모여 신성한 『아디 그란트』를 계속해서 읽는다.

디왈리 Diwali

10월 또는 11월

힌두교에서도 기념하는 가을 등명제로 나흘에서 닷새 동안 지속된다. 시크교도들에게는 여섯 번째 구루의 석방을 기념하는 축제이다. 사람들은 가정과 구루드와라(공동체 센터나 신성한 장소)에 등을 달아 꾸민다.

구루푸라브 **Gurpurbs**

일시 변동

구루푸라브는 시크교를 초기에 이끌었던 10명의 구루들의 탄생일과 사망일을 기념하는 시크교의 연례행사다. 아르얀^Arjan(5대 구루)과 바하두르^Bahadur(9대 구루)처럼, 살해되거나 순교당한 구루의 기념일은 특별히 더 신경을 쓴다. 사람들은 모여서 대중 경연대회나 행렬을 하고, 구루드와라에 모여 특별한 공동 식사를 하며 『아디 그란트』를 읽는다.

시크교 QnA

Q. 시크교의 창시자는 누구인가?

시크교의 창시자는 나나크로, 그는 15세기 후반부터 16세기 초반까지 인도 북부의 펀자브 지방에서 살았던 인물이다. 힌두교 집안에서 자랐지만 그 당시 그 인도 지역에 존재했던 이슬람교의 문화에도 익숙했다. 30세 정도가 되었을 때, 나나크는 자신의 삶의 궤적이 바뀌는 영적 경험을 하게 되었다.

나나크는 친구들과 근처 강가에서 일상적인 아침 종교의식과 목욕을 하던 도중 사라졌다. 친구들은 그가 물에 빠졌다고 생각하고 찾기 위해 강을 훑었지만, 아무것도 찾지 못했다. 사흘 후 나나크가 다시 나타나, 자신이 하나님이 계신 곳으로 들어 올려졌으며, 하나님께서 '진실한 이름'으로 그에게 나타나셨다고 주장했다. 나나크는 과즙을 받아 마시고 힌두교나 이슬람교, 다른 그 어떤 것과도 무관하며 특별한 존재인 유일하신 하나님의 메시지를 전파하라는 계시를 받았다.

나나크는 이슬람교도 친구인 음악가, 마르다나와 함께 인도를 다니며 유일하신 하나님께 헌신하는 메시지를 나누기 시작했다. 약 20년이 지난 후, 나나크는 제자들을 데리고 고향인 펀자브로 돌아와 첫 번째 시크교 공동체를 세웠다. 사망하기 전, 나나크는 관습과는 다르게 자신의 아들들 중 하나가 아닌 제자들 중 한 사람, 앙가드 Angad를 다음 구루, 혹은 스승으로 지목했다.

Q. 이 종교를 시크교라고 부르는 이유가 무엇인가? '시크'란 무엇인가?

이 종교의 이름은 펀자브어인 '시카sikkha'에서 따온 것으로, '제자'와 '배우다'라는 의미이다. 이는 시크교 역사에서 나나크와 바이 마르다나가 인도 전역을 여행하면서 종교적 체험을 통해, 나나크를 깨닫게 만든 유일하신 하나님께 헌신하라는 메시지를 들었던 사람들을 칭하면서 사용하기 시작했다. 이후 수많은 추종자들이 나나크와 함께 펀자브 지방으로 돌아와 제자들과 초심자들로 이루어진 첫 시크교 공동체를 세웠다.

Q. 구루란 무엇인가?

시크교(그리고 힌두교)에서 말하는 구루는 스승으로, 특별히 한 사람의 영적 성장을 지도하는 개인 스승을 말한다. 일반적으로 학생은 자신의 구루에게 직접, 즉 구루의 제자가 되거나 소그룹 또는 청중이 되어 배우게 되며, 구루는 자신의 제자들과 개인적 관계의 형태를 맺는다.

다시 말해서 구루의 제자는 군중 속에 있는 임의의 존재들이 아니다. 구루는 자신의 제자들을 어느 정도 사적으로 알고 있으며, 따라서 일반적인 가르침과 함께 개개인에게 맞춘 영적 지침도 전수할 수 있다. 나나크는 인도를 여행하던 중에 구루로 알려지게 되었고, 자신의 메시지에 반응하는 사람들을 가르쳤다. 이 제자들 중 많은 이들이 나나크가 고향으로 돌아올 때 그와 함께했다.

Q. 나나크 외에 시크교에서 가장 중요한 인물들은 누가 있는가?

시크교의 주요 인물들은 나나크의 뒤를 이었던 9명의 구루들이다. 대부분 시크교 축제들도 구루들의 생일이나 사망일 등 그들의 생애에 집중되어 있다. 시크교 발전에서 가장 주목할 만한 성과들 대부분이 아홉 구루들에 의한 것이다. 시크교의 경전에는 시크교의 영성에 응집된 힌두교와 이슬람교의 성인들뿐만 아니라, 중요한 인물로 여기는 나나크를 포함한 초대 5명의 구루들이 쓴 문헌들이 담겨 있다. 시크교의 주요 경전인 『아디 그란트』에 글이 담긴 사람은 모두 중요한 인물이다.

Q. 시크교의 경전에 대해 조금 더 알아보려 한다. 저자는 누구인가?

시크교의 주요 경전은 『아디 그란트(근본의 책)』이다. 혹은 '살아있는 구루'라고도 부른다. 이 경전은 제5대 구루인 아르얀의 지도 아래 1603년부터 1604년에 걸쳐 편찬되었다. 나나크를 포함한 초대 5명의 구루들과 카비르Kabir(인도에서 일어난 성자 종교 운동 출신의 14세기 시인), 그리고 나나크와 시크교의 전반적인 사상에 반향을 일으킨 다양한 힌두교와 이슬람교 성자들과 신비주의자들이 쓴 글들과 찬가들이 담겨 있다.

살아있는 구루로서의 경전은 제10대 구루가 시크교 지도 체계를 바꾼 후 시크교의 중심이 되었다. 시크교의 새로운 체계는 인간 구루보다 문헌 그 자체를 시크교 공동체의 스승으로 삼고 권위와 중심으로 여겼다. 문헌은 인간 구루와 달리 영원히 존재하므로, 영원히 살아있는 구루인 것이다. 『아디 그란트』는 이렇게 인간 구루가 받는 것과 같은 존경을 받으며 다뤄진다. 특별한 수납장 또는 공간에 보관하고, 행렬에 의해 구루드와라의 공공장소나 각 가정으로 옮겨지며, 특별히 준비된 선반에 올려둔다. 사람들이 읽을 때는 바람을 불어주고, '잠자리에 눕히기 위해' 원래 자리로 가져다 두며, 읽고 난 후에는 특별한 천이나 다른 장식들을 덮는다.

Q. 시크교도가 머리를 자르지 않는 이유는 무엇인가?

칼서에 가담한 남녀의 특징 또는 표시 중 하나는 그들이 머리카락을 자르지 않는다는 것이다. 인도 힌두교 문화에서 머리카락을 자르는 것을 삼가는 것은 원칙적이고 일상적인 가정생활을 금욕적으로 포기하는 과정의 일부이다. 신체의 겉모습에 관심을 끊고 자신의 모든 에너지를 영적인 노력에 쏟는다. 반면에 시크교는 이와는 조금 다르게 접근한다. 머리를 자르는 것을 삼가는 것은 그저 시크교와 이 믿음을 지키겠다고 깊은 약속을 맺은 사람을 나타내는 다섯 가지 주요 행동 또는 장식 중 하나일 뿐이다. 시크교도는 머리를 자르지 않는 고행자가 아니라서, 각자의 일상을 유지한다. 종종 머리를 텁수룩하게 기른 힌두교의 고행자(산야시)와는 달리, 시크교도는 머리도 단정하게 유지한다.

Q. 칼서란 무엇인가?

'순수한'이라는 의미의 '칼서'는 군인 신분의 성자들로 이루어진 독실한 공동체이다. 제9대 구루인 고빈드 싱이 종교 전체의 지도권을 인간 구루에서 경전과 공동체로 옮기면서 처음 조직한 순수한 단체이다. 초기에는 인도 이슬람교 성향의 무굴 제국으로부터 받는 압박과 박해에서 시크교 공동체를 보호하기 위하여, 칼서가 정치적이고 군사적인 추진력을 가지고 있었다. 그러한 추진력 중 일부는 오늘날에도 남아 있지만, 대부분의 시크교도들은 칼서를 정치적 혹은 군사적이라기보다 영적 단체로 여긴다.

칼서에 가담하는 것은 시크교가 유지하는 몇 안 되는 의식들 중의 하나로, 종교와 공동체의 교리에 전념하는 가장 엄숙한 단계의 의식이다. 사람들은 5개의 외적 특징을 통해 칼서를 확인하는데, 바로 손대지 않은 머리카락(kes), 나무 빗(kangha), 단도(kirpan), 쇠 팔찌(kara), 그리고 긴 속옷(kachha)이다. 이를 칼서의 다섯 가지 K라고도 부르는데, 이는 모두 영어의 'k'에 해당하는 펀자브어의 소리로 시작하기 때문이다.

Q. 그렇다면 칼서 시크교도는 정말로 칼을 지니고 다니는가?

그렇다. 하지만 반드시 허리띠에 매단 칼집에 들어가는 크기의 긴 검은 아니다. 일부 시크교도들은 특별한 의식, 축제, 또는 이와 유사한 행사의 일부로 검을 차기도 한다. 그러나 대부분 시크교도는 작은 검 또는 작은 검 모양의 칼을 가지고 다닌다. 어떤 신도들은 진짜 검이나 칼을 가지고 다니지 않는 대신, 기독교도들이 작은 십자가를 목걸이로 거는 것처럼 작은 검 상징의 목걸이를 걸기도 한다. 주머니, 가방, 또는 지갑에 검 모양의 작은 장신구를 가지고 다니는 시크교도들도 있다. 중요한 것은 그 검이 직접 걸거나 지니고 다니는 시크교도뿐만 아니라, 그것을 보고 그 의미를 아는 모든 사람들에게 그 믿음과 하나님에 대한 헌신을 보여주는 표시라는 것이다.

Q. 대다수 시크교도들이 예배를 드리거나 실천하는 주요 형태는 무엇인가?

시크교도는 찬송, 독경, 명상, 그리고 경전 읽기가 포함된 매일의 종교의식에 참여한다. 보통은 정기적으로 매주 다른 시크교도들이나 방문객들과 함께 지역의 구루드와라에 모여 경전을 읽고 가르침을 배우고, 찬양을 하고, 랑가langar 또는 공동 식사를 나눈다.

시크교에는 칼서 가담에 관련된 의식을 비롯하여 몇 가지 주요 의식들이 있다. 검으로 뒤섞은 설탕물을 머리와 눈에 뿌리며 칼서로 세

시크교의 일상

공동 식사

시크교도는 보통 일주일에 한 번 구루드와라(시크교의 지역 만남 공간)에 모여 공동 식사인 랑가를 한다. 대개 이 공동 식사는 시크교도뿐만 아니라 모두에게 열려 있다. 이 전통은 나나크가 시작했는데, 시크교 이야기에 따르면 그는 종종 의도적으로 사람들과 음식을 나눴다고 한다. 이 공동 식사의 특징은 카스트에 관계없이 모두를 받아들이는 것이며, 이것은 계급이 섞이는 모임이라는 점에서 인도의 뿌리 깊은 규범에 위배되는 것이었다. 시크교는 지금도 공동 식사와 종교 전반이 모두에게 열려 있다. 디아스포라 지역(인도 북부 외에 시크교도들이 사는 장소)의 시크교는 빈곤자들을 먹이는 공동체의 관대함으로 유명하다. 이러한 지역에서는 지역 봉사의 차원으로 공동 식사를 다룬다.

례를 주는 의식이 있고, 특별한 상황에 필요한 지침을 얻거나 자녀의 이름을 정하기 위해 『아디 그란트』를 무작위로 펼쳐서 그 페이지를 읽는 과정이 포함된 후캄Hukam(명령 받기)이 있다. 마지막으로 또 하나의 대중적인 의식은 파스Paath(읽기)이다. 『아디 그란트』 전체를 앉은 자리에서 쉬지 않고, 또는 좀 더 긴 며칠의 기간(예를 들면 사망 후 애도 기간)에 걸쳐 읽는 의식이다.

그러나 일반적으로 시크교는 나나크의 모태신앙인 힌두교와 비교해서, 여럿 또는 복잡한 규칙들이 있는 의식을 강조하지 않는다. 이는 나나크가 시작한 것으로, 그는 대부분의 종교적 의식이 불필요하고 진정한 영성에 해롭기까지 하다고 여겼던 사람이다. 나나크와 다른 시크교의 지도자들은 종교의 외적 실행보다는 종교의 내면성, 즉 영적인 삶을 어떻게 마음속으로 옮길 것인가에 집중한다.

Q. 시크교의 종교적 실천이 지향하는 더 큰 목적은 무엇인가? 시크교도들은 무엇을 얻기 위해 노력하는가?

시크교의 더 큰 영적 목표는 생과 사, 그리고 환생의 고리로부터 무크티mukti, 즉 '영적 자유'를 얻는 것이다. 힌두교와 마찬가지로, 시크교는 이 고리와 그로부터 자유로워질 때까지 무한정 반복되게 만드는 업보를 강조한다. 경전에 담긴 모든 시크교의 실천과 가르침, 다시 말해 종교적 노력, 찬양, 독경, 명상, 공동체 섬김, 미덕 함양, 그리고 악의 제거는 신에 대한 자각을 높이고, 욕망과 분노, 교만, 탐욕, 그리고 세속적 물질에 대한 집착의 삶을 사는 만무크manmukh(영적으로 퇴폐한 사람)에서 구르무크gurmukh(회생된 사람)로 변하도록 돕기 위해 만들어졌다.

종교적인 노력을 통해 인간은 스스로 회생할 수 있고, 진실함과 연민, 인내, 그리고 만족을 느끼며 하나님과 다른 이들을 섬기는 삶을 살 수 있으며, 이생과 내세에서 무크티를 얻을 수 있다. 이는 힌두교와 이슬람교 수피교(신비주의)의 많은 부분을 연상시킨다. 그러나 시크교의 차이점은 이러한 종교적 회생의 과정이 어린 시절에 시작되어 일상을 지속하면서 내내 계속된다는 점이다. 수도승이나 여승, 또는 숲에서 홀로 지내는 고행자가 될 필요는 없다.

Q. 시크교에는 어떤 성지가 있는가?

가장 기본으로 여기는 성스런 곳은 구루드와라이지만, 이 장소는 대부분 지역 복지관이다. 과하게 장식한 곳도 있고, 장식을 하지 않은 곳도 있다. 사실 대부분의 구루드와라는 복지관처럼 보이고 또 그렇게 느껴지지만, 읽기와 가르침을 위해 행렬을 대동하여 『아디 그란트』를 옮길 때는 예외적으로 특별한 제단 또는 선반에 둔다. 대부분의 구루드와라는 그룹 모임을 위한 대형 공간들은 물론, 시크교도들과 다른 방문객들이 정기적으로 음식을 나누는 공동 식사인 랑가를 준비하기 위한 부엌도 있다.

시크교의 세계적 주요 성지는 인도 북부 암리차르^{Amritsar}에 있는 황금 사원이다. 시크교도들은 이곳을 하르만디르 사히브^{Harmandir Sahib}(하나님의 사원) 또는 다르바르 사히브^{Darbar Sahib}(하나님의 법정)라고 부른다. 장엄하고 화려하게 도금한 이 사원은 제5대 구루인 아르얀의 지도로 세워진 세계에서 가장 매력적인 성지 중 하나이다. 주변이 물로 둘러싸인 상태에서 힌두교의 네 가지 공식 카스트, 네 방향의 모든 출신들을 환영한다는 상징의 의미로 동서남북 네 면이 모두 뚫려 있다.

Q. 많은 시크교도들이 '싱' 또는 '카우르'라는 이름을 가진 이유는 무엇인가?

전통적으로 시크교도는 칼서가 되면 새로운 이름을 받는데, 남자는

'사자'를 뜻하는 '싱Singh', 여자는 '공주' 또는 '암사자'를 뜻하는 '카우르Kaur'를 받는다. 그러다가 시간이 흐르면서 칼서의 일원이 아니거나 시크교 공동체에 속하지 않은 가정의 사람에게도 이 이름이 전해지게 되었다.

특히 최근에 인도 외의 지역에 거주하는 시크교도 사이에서는 새로운 이름을 받는 이 전통이 예전 세대에 비해 흔하지 않게 되었다. 지금은 많은 시크교도들이 칼서에 가담하더라도 자신의 원래 이름을 그대로 유지한다.

Q. 남성 시크교도들이 터번을 쓰는 이유는 무엇인가?

터번은 가장 쉽게 눈으로 확인할 수 있는 남성, 그리고 일부 여성 시크교도의 특징이지만 시크교의 공식적인 실천 사항은 아니다. 오히려 칼서의 다섯 가지 K 중에서 두 가지인 머리를 자르지 않는 것과 빗을 가지고 다니는 것과 연관이 있다. 칼서의 남녀들은 머리 자르기를 자제한다.

그러나 시크교의 수행은 힌두교의 금욕주의자가 속세를 등지고 세상적인 소유와 근심들을 버리기 위해 머리를 감거나 빗지 않고 기르는 것과는 다르다. 시크교도는 머리를 빗고 단정하고 청결하게 유지한다. 여성 시크교도는 머리를 푼 채로 두기도 하지만, 남성 시크교도는 긴 머리를 모아 터번 속에 넣는다. 수염도 단정하게 말아 귀 뒤로 넘기거나 터번 속에 넣기도 한다. 세월이 흐르면서 터번은 사람들 사이에서 시크교도로 인식되는 방법 중 하나가 되었다.

Q. 시크교는 어떻게 전파되었나?

시크교는 전도, 자선사업, 그리고 대영제국의 확산 효과를 통해 전파되었다. 나나크는 일생 동안 인도와 그 외의 지역들을 다니며 가르침을 전파했는데, 오랜 기간에 걸쳐 그가 방문했던 장소들은 시크교의 중심지가 되었다. 다른 9명의 구루들도 여러 곳을 이동하면서 학습과 명상을 위한 센터를 세워 시크교를 전파했다. 일부 구루들, 특히 제9대 구루는 수많은 시크교 사업체들에게 병원, 학교, 또는 식당 등 배고픈 자들을 먹이는 많은 비종교적 특성을 강조했다. 지역이나 출신 카스트에 관계없이 모든 사람들에게 열려 있음을 분명히 했으며, 누구도 시크교로 개종시키려 하지 않고 사람들을 섬겼다.

  인도가 영국의 지배에 놓이면서 시크교도도 영국 군대에 차출되어 군복무의 일환으로 전 세계로 파견되었다. 그리고 세계 여러 지역에 종교 센터와 복지관들을 세워, 시크교를 소개하게 된 것이다. 현재 인도 북부 외에 가장 큰 시크교 밀집지역이 있는 곳은 영국과 캐나다이다.

Q. 기독교에 십자가가 있는 것처럼, 시크교에도 주요 상징이 있는가?

그렇다. 시크교의 주요 상징은 '칸더'라고 부르며, 이 용어는 더 큰 상징(174쪽 참고)의 중심을 이루는 양날의 검을 뜻한다.

시크교의 칸더는 수직으로 세운 양날의 검(칸더)으로 이루어진 것으로, 두 개의 검(키르판kirpan)들이 감싸고 있는 원의 한 가운데에 놓여 있다. 양날의 검은 진실 또는 신의 지식을 표현하고, 두 개의 검은 종교적인 권위와 속세의 권위, 두 가지 주요 형태를 표현한다. 원은 유일하고 영원하고 완벽하신 하나님을 나타낸다. 이 상징의 요소들이 합쳐져 시크교의 핵심 믿음인 유일하신 하나님, 진리를 향한 숭배, 종교적이고 속세적인 두 권위에 대한 자각, 그리고 인간 삶의 두 영역에 대한 책임을 나타낸다.

Q. 시크교 내의 주요 단체들은 무엇인가?

시크교에는 기독교나 이슬람교와 같이 공식적인 교파들이 없다. 물론 전체적인 종교 내에서는 물론, 칼서 내에서도 종파들은 존재한다. 이 종파들 일부는 시크교 내에서 시크교와 힌두교를 분명하게 구별하려던 18세기 개혁 운동에서 시작되었다. 개혁 운동은 시크교를 대부분 칼서로 정의했고, 시크교를 좀 더 전투적인 측면에서 이해했다.

그러나 이 운동은 모든 시크교도들의 반향을 불러일으키지도 못했다. 칼서의 책무와 표시, 예를 들면 다섯 가지 K의 의무를 요구하

시크교의 일상

매일 의식

매일 아침의 의식은 시크교도 생활에서 일반적 예배이다. 예배의 롤모델은 나나크로, 그는 이슬람교의 아침 기도와 힌두교의 매일 예배에서 받은 영향을 시크교에 반영했다. 시크교도는 이 매일 의식 예배를 가정에서 드리며, 기도를 하고, 독경이나 찬양을 하며, 『아디 그란트』의 구절을 읽는다.

특별히 동트기 전에 드리는 아침 기도는 『아디 그란트』 도입부에 수록된 찬가 '잡지Japji'가 특징이다. 다른 두 찬가는 남은 하루 동안 드리는 기도와 함께 한다. 시크교는 신도들이 그들의 경전인 살아있는 구루뿐만 아니라 인간 구루들의 가르침을 하루 종일 정신과 마음에 새기도록 격려하며, 신에 대한 자각을 높이고 선한 삶을 살도록 장려한다.

지도 않았다. 칼서 구성원들이 '사하드자리sahadjaris', 즉 '더딘 채택자'라고 부르는 이런 시크교도들은 머리를 자르거나 팔찌를 착용하거나 검을 가지고 다니지 않는다. 또한 시크교 초창기의 나나크와 그 이후 구루들이 만든 반전주의 분위기를 선호한다.

시크교 전반과 칼서 자체 내에도 전통주의자들과 혁신주의자들 간의 분파들이 있다. 혁신주의자들은 늘 그렇지는 않지만 종종 시크교 전통적 문화로부터 소외되어 인도 밖의 디아스포라 공동체에서 나타나기도 한다. 혁신주의자들은 구루드와라 공간을 활용하는 새로운 방법들이나 랑가의 새로운 관례들을 개발하기도 하지만, 전통주의자들은 이러한 혁신들을 거부한다. 그러나 이러한 분파들 중 어

느 단체도, 예를 들어 기독교의 종교개혁이나 이슬람교 수니파와 시
아파 간 분열 같은 심각한 불화를 시크교 내에서 만들지 않았다.

Q. 시크교는 하나의 신을 믿는가? 아니면 여러 신을 믿는가? 혹은 신을 숭배하지 않는가?

시크교는 확고한 유일신주의이며 유일하신 하나님, 또는 유일한 신
적 존재만이 있다고 한결같이 주장한다. 또한 시크교는 이슬람교와
힌두교, 그리고 다른 종교들이 신을 부르는 이름들이 모두 말로 표현
할 수 없는 궁극적인 존재를 규정하려는 인간적인, 한정된 반복일 뿐
이라고 주장한다. 그래서 시크교는 이러한 이름들이 언어로 제대로
담을 수 없는 더 크고 무한한 신적 존재를 가리킨다고 이해하며, 기
꺼이 다른 종교에서 흔하게 부르는 신의 이름들을 모두 사용한다. 시
크교 명상법에는 종종 시크교도가 선호하는 '이크 온카르Ik Onkar'라
는 신의 이름 부르기가 포함되어 있다. 이 이름은 힌두교, 자이나교,
불교, 그리고 다른 종교들의 독경 소리인 '옴' 소리와 유사하다. 한마
디로, 중요한 것은 정확한 이름이 아니라 우리가 독경을 할 때 좀 더
근원적이고 무한한, 우주적 혹은 보편적인 소리가 신성의 실체 인식
을 높이도록 돕는 것이다.

Q. 시크교가 힌두교와 이슬람교의 영향을 받았다는 것은 어째서인가?

나나크는 이슬람교의 영향을 강하게 받는 지역의 힌두교 가정에서 자랐다. 그래서 그에게는 두 종교의 전통을 받아들일 종교적 감수성이 있었다. 힌두교와 마찬가지로 시크교도 업보의 교리와 삶은 영적 수련을 통해 그 순환에서 자유로워질 때까지 생과 사, 그리고 환생이 반복된다는 개념을 강조한다. 이슬람교처럼 시크교는 확고부동한 유일신주의이며, 신성의 존재를 수식하는 형상을 금한다. 마지막으로 시크교는 힌두교와 이슬람교 두 종교가 가진 신비주의적·종교적 성향을 강하게 반향한다. 실제로 기도와 종교적 지식으로 유명한 힌두교와 이슬람교의 성인들에 관한 여러 문헌들은 시크교 경전들에서도 다룬다.

다른 주요 종교들과의 관계

시크교는 여러 면에서 일상의 영적 수련, 하나님께 올리는 경배, 그리고 삶에서 신에 대한 자각을 높이는 것에 초점을 맞추는 단순한 종교이다. 이 종교는 개인과 단체 모두를 향해 강한 권고를 하며, 이러한 권고들은 모두 스스로를 영적으로 발전시키고 악을 뿌리 뽑으며 전체로서의 공동체를 섬기는 것에 집중되어 있다. 시크교는 소규모 종교지만 19세기와 20세기 대영제국과의 연계로 인해 그 영향력과 명성이 매우 넓게 퍼졌다.

● 시크교는 업보에 대한 믿음과 생과 사, 그리고 환생의 고리에서 벗어나는 더 큰 목표를 힌두교와 불교, 그리고 자이나교와 공유한다.

● 이슬람교와 자이나교와 마찬가지로 시크교도 우상 파괴주의이기 때문에, 신이나 구루의 동상들을 금한다(구루의 그림들은 허용).

● 유대교 공동체처럼 시크교 공동체도 신앙에 대한 박해로부터 스스로를 지키기 위해 자신들만의 국가나 왕국을 세우려고 애써왔다.

● 아브라함 계통의 주요 신앙들(유대교, 기독교, 이슬람교)처럼 시크교도 경전을 매우 강조하며, 학자에 따라 '책의 종교들' 중 하나로 포함시키기도 한다.

● 힌두교와 이슬람교와 마찬가지로, 시크교도 날마다 정해진 특정 시간에 드리는 매일 기도와 예배를 중시한다.

● 힌두교와 달리 시크교에는 영적 수행에만 전념하기 위해 일반적인 가정생활을 떠나는 금욕적인 포기 관습이 없다. 시크교는 일상의 종교적 수행을 통해 삶의 전반에서 일어나는 영적 진전을 기대한다.

감사의 말

이 책을 집필하는 정신없는 과정 동안 함께 편히 일할 수 있게 해주고 도와준 칼리스토 미디어의 관대한 편집자님들께 감사의 마음을 전한다. 마감 기한에 쫓기며 육아와 일상의 빈틈을 메워준 가족들에게도 특별히 감사를 드린다. 마지막으로 내 삶의 열쇠가 되어주고 19년 동안 나의 거창한 계획들을 자신 있게 응원해준 니쉬타 메흐라, 언제나 그렇듯, 고마워요. 당신이 없었다면 나는 학자도, 지금의 나도 되지 못했을 거예요.

추가문헌

Barks, Coleman, and Michael Green. *The Illuminated Rumi.* New York: Broadway Books, 1997.

British Broadcasting Company (BBC). "Religions." BBC.co.uk/religion/religions.

Earhart, H. Byron. *Religion in Japan: Unity and Diversity.* Boston: Cengage Learning, 2013.

Hartford Institute for Religion Research, Hartford Seminary. hirr.hartsem.edu/ency.

Huyler, Stephen P. *Meeting God: Elements of Hindu Devotion.* New Haven & London: Yale University Press, 1999.

Kenyon College, Department of Religious Studies, Online Resources and Kenyon Journals. www2.Kenyon.edu/Depts/Religion/Rsrc.

My Jewish Learning. myJewishLearning.com.

Pew Research Center. "Religion and Public Life." PewForum.org.

Public Broadcasting System. "Global Connections: The Middle East."

PBS.org/wgbh/globalconnections/mideast/themes/religion.

Religion News Service. ReligionNews.com.

Renard, John. *The Handy Religion Answer Book.* Detroit:Visible Ink Press, 2002.

Robinson, Thomas A., and Hillary P. Rodrigues, eds. *World Religions: A Guide to the Essentials.* Peabody, Massachusetts: Hendrickson Publishers, 2006.

Swatos, Jr., William H., ed. *Encyclopedia of Religion and Society.* Lanham, Maryland: AltaMira Press, 1998.

World Religions Professor. World-Religions-Professor.com.

참고문헌

Biswas, Soutik. "The Myth of the Indian Vegetarian Nation." BBC News. April 4, 2018. BBC.com/news/world-asia-india-43581122.

BBC. "Religions: Parinirvana." May 7, 2004. BBC.co.uk/religion/religions/buddhism/holydays/parinirvana.shtml.

Gill, Rahuldeep Singh. "Worship and Devotion in Daily Life." Sikhism, *Patheos.* Accessed December 21, 2020. patheos.com/library/sikhism/ritual-worship-devotion-symbolism/worship-and-devotion-in-daily-life.

Hackett, Conrad, and David McClendon. "Christians Remain World's Largest Religious Group, but They Are Declining." Pew Research Center Fact Tank, News in Numbers. April 5, 2017. PewResearch.org/fact-tank/2017/04/05/christians-remain-worlds-largest-religious-group-but-they-are-declining-in-europe.

The Irish Times. "Shias Await the Return of the Twelfth Imam." August 4, 2006. IrishTimes.com/news/shias-await-the-return-of-the-twelfth-imam-1.1033888.

My Jewish Learning. "The Jewish Denominations." Accessed November 30, 2020. myJewishLearning.com/article/the-jewish-denominations.

O'Brien, Barbara. "An Overview of Bodhi Day: Commemoration of the Buddha's Enlightenment." *Learn Religions.* March 8, 2019. earnReligions.com/bodhi-day-449913.

Pew Research Center, Religion & Public Life. "Other Religions." December 18, 2012. PewForum.org/2012/12/18/global-religious-landscape-other.

Pew Research Center, Religion & Public Life. "Buddhists." December 18, 2012. PewForum.org/2012/12/18/global-religious-landscape-buddhist.

Sikh.org. "Religious Emblems: Khanda." Accessed December 21, 2020. Sikhs.org/khanda.htm.

Williams, Jennifer. "Muslims Love Jesus, Too: 6 Things You Didn't Know about Jesus in Islam." Vox. Updated December 20, 2019. Vox.com/2017/12/18/10660648/jesus-in-islam-muslims-believe-christmas-quran.